EUGÈNE POIRÉ

Magenta

et

Solferino

AUTREFOIS — AUJOURD'HUI

BERGER=LEVRAULT & Cie, EDITEURS

PARIS | NANCY
5, RUE DES BEAUX-ARTS, 5 | 18, RUE DES GLACIS, 18

1907

BERGER-LEVRAULT & Cie, LIBRAIRES-ÉDITEURS

PARIS, 5, rue des Beaux-Arts — rue des Glacis, 18, NANCY

Crimée-Italie-Mexique. *Lettres de campagnes, 1857-1867*, par le général Vanson. Précédées d'une notice biographique. 1905. Un volume in-8, avec un portrait et deux esquisses militaires en couleurs, broché. . . . . . **5 fr.**

Le Général Bourbaki, par le commandant Grandin, lauréat de l'Institut de France et de la Société d'encouragement au bien. 1898. Un volume in-8, avec portrait et fac-similé d'une lettre autographe de Bourbaki à l'auteur. br. **5 fr.**

Trente ans de la vie militaire, par le capitaine H. Choppin. 1891. Volume in-8, illustré par E. Grasssome, broché. . . . . **3 fr.**

Lettres d'un Zouave. *De Constantine à Sébastopol*, par Amédée Delorme. 1895. Un volume in-16, broché, couverture illustrée. . . . . **3 fr. 50**

Sous la Chéchia *Carnet d'un zouave, de la Kabylie à Palestro, 1856-1859*, par Amédée Delorme. 1897. Un vol. in-16, br., couverture illustrée. **3 fr. 50**

Lettres du Maréchal Bosquet (1830-1858). 1894. Un volume in-8 de 508 pages, avec portrait en héliogravure, broché. . . . . **5 fr.**

Souvenirs de la guerre de Crimée (1854-1856), par le général Fay, ancien aide de camp du maréchal Bosquet. 2e édition. 1889. (Couronné par l'Académie française.) Volume in-8, avec une planche et 3 cartes, broché. **6 fr.**

Journal d'un officier de l'Armée du Rhin, par le général Fay. 3e édition, revue et augmentée. 1889. Un vol. in-8 de 414 p., avec une carte, broché. **5 fr.**

Récits sur la dernière guerre franco-allemande (du 17 juillet 1870 au 10 février 1871). *Wissembourg, Frœschwiller-Gœrschoffen ou Wœrth, Sedan, Siège de Paris*, par Ch. Sarazin, ancien procédé en chef de l'ambulance de la 1re division du 1er corps, etc. 1887. Volume in-16, broché. . . . . . **3 fr. 50**

Impressions de campagne (1870-1871). *Siège de Strasbourg, Campagne de la Loire, Campagne de l'Est*, par H. Besson, ancien médecin en chef de l'ambulance de la 1re division du 18e corps. 1887. Volume in-16, br. **3 fr. 50**

Wissembourg au début de l'invasion de 1870. Récit d'un sous-officier, par Edgar Huse. 1887. Grand in-8 . . . . **3 fr.**

Relation de la bataille de Frœschwiller, livrée le 6 août 1870. Nouvelle édition. 1890. Volume in-8, avec une carte, broché. . . . . **3 fr. 50**

Un Héros de la Défense nationale. **Valentin et les derniers jours du siège de Strasbourg**, par Lucien Delahoussse. 1888. Un volume in-8, avec un portrait, un autographe de Valentin et deux cartes, broché . . . . **5 fr.**

La Vérité sur le siège de Bitche (1870-1871). *Les quatre missions de l'auteur ; leur but, leur résultat*, par Mondelli, capitaine adjoint au commandant de la place de Bitche. 1900. Un volume in-12 de 300 pages, br. **3 fr. 50**

Une Mission diplomatique en octobre 1870, *de Paris à Vienne et à Londres*, par F. Ruffinson, avocat à la cour d'appel de Paris. 1899. Un volume in-12, broché, couverture en couleurs. . . . . **3 fr. 50**

L'Empereur Guillaume, par Louis Schneider. Souvenirs intimes, revus et annotés par l'Empereur sur le manuscrit original. Traduit de l'allemand par Ch. Rabany. 1888. Trois beaux vol. gr. in-8, avec fac-similé, brochés. **24 fr.**

Magenta et Solferino

EUGÈNE POIRÉ

Magenta

et

Solferino

AUTREFOIS — AUJOURD'HUI

BERGER=LEVRAULT & Cie, ÉDITEURS

PARIS	NANCY
5, RUE DES BEAUX-ARTS, 5	18, RUE DES GLACIS, 18

1907

MAGENTA ET SOLFERINO

AVANT-PROPOS

Tous ceux qui, dans le classique voyage
d'Italie, sont allés de Turin à Venise, en
suivant la ligne directe de Novare, Milan,
Brescia et Vérone, ont eu, sans peut-être
en avoir été avertis au préalable, à traverser
ou mieux à côtoyer deux des champs de
bataille les plus glorieux, pour notre nation,
dans l'histoire du second Empire et, on peut
même dire, dans toute notre histoire militaire : Magenta et Solferino.

Il n'est guère d'usage de s'y arrêter, tant
d'attractions sollicitent ailleurs les touristes
français ou autres qui visitent la Péninsule,
tant de sites pittoresques et célèbres, tant
de monuments de toutes les époques, tant
d'œuvres d'art de tous les grands maîtres !

Et pourtant peut-on prendre une idée claire et satisfaisante de la jeune Italie, si l'on n'a pas vu les lieux, désormais historiques, où elle recouvra l'indépendance qu'elle n'avait plus depuis des siècles et gagna l'unité dont elle n'avait jamais joui? Y a-t-il un enseignement plus suggestif, plus évocateur? Que de choses, en effet, dans une bataille? Que de volumes dans ces simples mots : Magenta, Solferino! Que de phrases épargnées, de paroles devenues vaines! La force a cela de beau qu'elle est simple. Il est bon quelquefois d'aller reconnaître un champ de bataille : pour la facile intelligence des luttes armées, de leur portée immédiate et de leurs lointains aboutissements, rien ne vaut contempler l'endroit précis, fouler le terrain même où des milliers d'hommes ont donné leur vie afin de fournir à des millions d'autres hommes un gage assuré de rachat et une vision plus nette de leur destin.

En outre, spécialement pour nous, où trouver plus haute leçon de patriotisme? Dans ces parages épiques où leurs aînés se sont illustrés et sacrifiés, les Français ne peuvent cheminer sans ressentir un légitime orgueil; et c'est pourquoi, si un tel pèlerinage est impressionnant, je n'en sais pas qui soit aussi plus réconfortant, surtout à l'heure présente.

Nous vivons, en effet, — est-il besoin de l'énoncer? — à une époque troublée et morose où, à voir l'éducation qu'on prétend inculquer à la jeunesse, il semblerait vraiment que nous dussions éprouver quelque confusion à nous rappeler les faits de guerre qui ont été les plus honorables dans nos annales; nous avons comme le regret, comme le remords de nos gloires d'antan. A tout propos, on célèbre, chez nous, des anniversaires d'événements quelconques, importants ou frivoles, et des centenaires d'écrivains, de philosophes, de savants, d'artistes, d'hommes politiques, — surtout d'hommes politiques, — avec accompagnement de banquets démocratiques, de harangues ministérielles et de trombones. L'illustration des morts, soit dit en passant, y vient même, parfois, rehausser à souhait et faire savourer la médiocrité des vivants. Mais à personne, je crois bien, dans les dernières années, l'idée n'est venue de fêter pareillement le jubilé des victoires françaises qui ont illuminé l'aube du dix-neuvième siècle, à commencer par la première en date et en éclat, celle de Marengo. Que dis-je! Dans les salles de nos écoles primaires, on s'applique à décrocher des murs et à jeter au rebut, à l'égal des tableaux de sainteté, les images qui représentaient nos victoires, images dénoncées *comme immorales* par les récents congrès d'instituteurs. Les vieilles dévotions s'en vont. La haine, vouée indistinctement à tous les cultes, commence à s'en prendre, par une contagion lamentable, même au culte du drapeau. Des fauteurs d'internationalisme, des stipendiés de l'étranger s'acharnent à le lacérer dans les factions, ce drapeau, pour que l'on n'ait plus à le montrer dans les batailles. Encore un peu de temps et nous verrons déboulonner à nouveau, par des mains sacrilèges *et officielles,* comme naguère, en 1871, sous l'œil des Prussiens stupéfaits de tant de vilenie, les colonnes de bronze qui proclamaient notre grandeur.

Ces tendances malsaines, ces fureurs d'iconoclastes aveugles ne sont encore sans doute que le partage du petit nombre. En dépit des rêveries humanitaires, la plupart des Français ont gardé intacts l'amour de leur pays, la fierté du noble rôle qu'il a tenu dans l'Histoire, le sentiment de tout ce qu'ils lui doivent. Ils sont et restent patriotes, et bravant ceux qui, par un étrange abus des mots et de leur application, s'entendent si bien à mettre le cléricalisme à toutes les sauces, ils ne redoutent ni ne rougissent d'être liés, fermement et pieusement, comme il convient, à la congrégation autorisée, celle-là, et encore debout, Dieu merci ! des zélateurs de la cocarde. Aussi ne paraîtra-t-il point, j'espère, hors de propos que, si insuffisant que je puisse être à la tâche, j'entreprenne de parler un peu, après avoir vu les lieux où elle s'est développée, de cette guerre de Lombardie, qui, par les retentissantes victoires de Magenta et de Solferino, a valu à la France tant de renommée, sinon de profits ; il pourra plaire à quelques-uns de revivre, un moment, ce

temps radieux, ce temps joyeux, ce temps
glorieux, assez loin de nous déjà, où l'armée
impériale, qui n'avait point encore subi le
discrédit de la défaite et qui, au contraire,
portait intact le prestige de la récente expé-
dition de Crimée, descendait dans les plaines
d'Italie pour déployer, une nouvelle fois,
sous les acclamations d'un peuple asservi
qu'elle venait libérer, ses prouesses de
guerre, ses gaies fanfares et son panache
rutilant.

En présentant ce récit d'une visite en des
lieux mémorables, il n'entre pas dans mon
dessein (car la chose, depuis longtemps, n'est
plus à faire) de raconter en détail la campagne de 1859, qui étonna le monde par la
rapidité de ses succès et fut une marche
triomphale, des rives du Tessin jusqu'à
celles du Mincio. Disons seulement qu'elle
tourna mal, tout le temps, pour l'Autriche.
Dans quelques engagements d'importance
secondaire (Montebello, Palestro, Turbigo,
Melegnano) ses troupes ne purent tenir
et, dans les batailles rangées de Magenta
et de Solferino, qui ont fait revivre, — et

de façon combien vibrante ! — les plus grands souvenirs de nos fastes militaires, elles éprouvèrent, comme l'on sait, un échec complet, bien que chaudement disputé.

J'ai parcouru ces deux champs de bataille attentivement et tout à loisir, partie en voiture, partie à pied. Dans la promenade que nous allons y faire, nous rencontrerons des monuments destinés à commémorer à jamais les journées des 4 et 24 juin 1859; nous aurons aussi à glaner, de côté et d'autre, des épisodes émouvants et à noter des actions par lesquelles les hommes de ce temps-là, quoi qu'on dise, peuvent donner des leçons aux hommes de ce temps-ci.

Pour rendre plus intelligible cette excursion, le lecteur nous permettra de rappeler d'abord et sobrement le mouvement des idées et des faits qui ont amené la guerre d'Italie.

*
* *

En 1859, année des victoires de Magenta et de Solferino, le pouvoir était occupé, en

France, par un homme qui se vantait de
faire la guerre *pour une idée;* cette idée,
alors très en faveur dans l'opinion et qui
tendait même à devenir chez nous le pivot
de la diplomatie officielle, c'était le principe
des nationalités.

L'entreprenant ministre du royaume de
Sardaigne, le comte de Cavour, qui rêvait
l'unité de l'Italie sous le sceptre de la maison de Savoie et qui, à travers tous les
obstacles, la préparait si persévéramment,
sut profiter de ces circonstances. Il noua
des rapports plus intimes avec la France;
en particulier, il rechercha les bonnes grâces
de Napoléon III et réussit à l'engager, par
un acte formel, dans une politique d'intervention en faveur de l'indépendance italienne
qui, d'ailleurs, avait déjà toutes ses sympathies. L'entrevue de Plombières (20-21 juillet 1858) est restée historique. Les bases
d'une action commune y furent posées; une
convention militaire fut signée par laquelle
l'Empereur s'engageait à prêter son concours
armé pour appuyer les revendications piémontaises, à déloger les Autrichiens des

provinces qu'ils occupaient en Italie, à effectuer le rattachement de la Lombardie et
de la Vénétie aux États sardes. « L'Italie
libre depuis les Alpes jusqu'à l'Adriatique »,
tels étaient son programme et sa promesse.
La France, toujours accessible à la séduc-
tion des nobles causes et fidèle à ses tra-
ditions, allait ainsi seconder, par un effort
belliqueux, la lutte d'un peuple aspirant à
sa liberté ; on peut dire que, par les résultats
qui en jaillirent, aucun fait, depuis deux
siècles, n'a eu une telle importance dans
l'histoire de l'Europe.

Le 1er janvier 1859, les ambassadeurs des
puissances étrangères vinrent aux Tuileries,
suivant la coutume, présenter leurs souhaits
à l'Empereur. Lorsque le baron de Hübner,
représentant de l'Autriche, s'approcha de
Napoléon III, ce dernier lui dit, sur un ton
de colère habilement feinte, que, bien que
les rapports des deux États ne fussent point
aussi bons que par le passé, il gardait
cependant les mêmes sentiments personnels
vis-à-vis de l'empereur François-Joseph ;
apostrophe peu diplomatique et qui n'avait,

comme précédent, que les remontrances encore plus agressives du premier Napoléon à l'ambassadeur anglais en 1803 ; elle fut regardée, à juste titre, comme une intimation de desseins hostiles. Et l'événement justifia bientôt cette façon de voir. Du reste, les trois puissances, France, Autriche, Sardaigne, s'étaient empressées d'armer, comme en vue d'un conflit inéluctable, et elles étaient prêtes à agir.

Après diverses fluctuations chez Napoléon III, écartées par les instances de Cavour, et sans prêter l'oreille aux tentatives de médiation plus ou moins sincères de l'Angleterre, l'empereur d'Autriche, poussé à bout, envoya un ultimatum à Victor-Emmanuel II et, brusquement, son armée, sous les ordres du feld-maréchal comte Gyulai, gouverneur général et commandant militaire du *Royaume lombard-vénitien,* passa le Tessin et envahit le Piémont (29 avril). Elle aurait dû alors marcher sur Turin et sur Gênes : mais, par ses retards, elle laissa le temps d'arriver à Napoléon, qui déclarait venir en aide au roi de Sardaigne. Il prenait ainsi le beau rôle, celui du chevalier qui court à la défense d'un plus faible que lui, injustement attaqué. Une armée française, composée de quatre corps et de la Garde impériale, en tout 180000 hommes, débouchait à la fois par les Alpes et par la mer, par Suse et par Gênes, et se concentrait bientôt autour d'Alexandrie, dans ces plaines célèbres, arrosées par la Sesia et le Tanaro, où, jadis, les vieux de la vieille, ceux de Marengo, s'étaient livrés, contre les mêmes Autrichiens et pour la même cause, à d'héroïques combats. Elle était commandée par l'élite de nos généraux, Baraguey-d'Hilliers, Vaillant, Canrobert, Mac-Mahon, Niel, Regnault de Saint-Jean-d'Angély...., avec d'autres, alors jeunes divisionnaires ou brigadiers, simples colonels ou chefs de bataillon, qui, plus tard, devaient tenir un rôle dans la funeste guerre de 1870, Bourbaki, Lebœuf, Ladmirault, Bazaine, Frossart, Vinoy, Trochu, de Failly, Douai, Chanzy, Clinchant, Schmidt,..... etc.

Depuis lors, on a souvent reproché à l'Empereur cette campagne, en insistant sur les effets nuisibles qu'elle avait eus, en fin de

compte, sur nos propres destinées. On a
prétendu que le mobile initial et essentiel
qui l'avait suscitée fut le désir, chez Napoléon III, de prouver au monde que le génie
militaire était traditionnel dans la famille
impériale : le neveu, a-t-on dit, aspirait
à se signaler lui-même dans le pays où son
oncle avait cueilli tant de lauriers. Mais ce
point de vue n'est rien moins qu'exact. La
guerre de Lombardie, cette guerre à la fois
légitime et généreuse, ne constituait pas un
acte despotique du pouvoir personnel. Elle
avait été dans le vœu de tous les penseurs
de la France libérale depuis le commencement du siècle; elle séduisait toutes les
âmes élevées; elle enchantait Victor Hugo.
Que Napoléon III, de souche à demi italienne, ait eu pour l'Italie des faiblesses
exagérées, qu'il se soit montré pour elle
aveuglément dévoué, que même il ait voulu
déjouer les conspirations qui se tramaient,
dans l'ombre des sociétés secrètes, contre
l'ancien *carbonaro* trop lent à tenir ses
serments, nul ne le conteste; mais sa diplomatie fut précédée, conseillée, poussée dans

cette voie par l'opinion publique et spécialement par l'avant-garde démocratique, qui,
depuis, a fourni tous les leaders du parti
républicain, tous les gros bonnets du régime.
Libre à ceux-là de s'être montrés, dans la
suite, les contempteurs les plus ardents de
la politique impériale; ils ne furent pas
moins, dès la première heure, avec la révolution italienne et leur plus âpre grief contre
l'Empire, à certains moments, fut la tiédeur
apparente qu'il opposait à l'unification de
l'Italie.

La nation voulait la guerre en 1859, ou
du moins elle l'accepta virilement, comme
elle fit en 1870. Oui, on souhaitait, chez
nous, la délivrance du pays de Silvio Pellico.
Les Français, bons connaisseurs en grandes
âmes, avaient vite aperçu que le plus noble
spectacle, en Europe, était donné alors par
l'Italie. Il fallait être de ses amis, il fallait
être avec elle, puisque c'était le côté des
héros et des martyrs. On vantait, on célébrait partout les glorieuses journées de
Milan, de Brescia, de Venise, où la population tout entière, et jusqu'aux enfants eux-

mêmes, se soulevait exaspérée contre l'oppression des Croates de Radetzky. Dans ces
exploits fameux, qui mettaient en vedette
les noms de Daniel Manin, de Cattaneo, de
Garibaldi, de Gino Capponi, de Montanelli,
se jouait une partie à laquelle nous ne pou-
vions demeurer étrangers; nous sentions
comme sur nos propres épaules la boîte de
l'Autriche; nous entendions, comme s'il
s'adressait à nous-mêmes, le long cri de
douleur et de réprobation, chaque jour plus
accentué, qui s'élevait des provinces asser-
vies de l'Italie ([1]). Cette Italie, chaos informe
de principautés et de minuscules royaumes
toujours en lutte, qui n'avait pas encore
existé à l'état de nation, qui était une pure
expression géographique, une trouvaille de
poète, un mot de Virgile et de Pétrarque,
nous comprenions qu'elle allait enfin se créer,
naître, et qu'il y aurait de la gloire pour
ceux qui auraient aidé à cet enfantement
sanglant.

Et puis la France, qui allait lui prêter

---

1. Voir l'Appendice I.

main-forte, n'avait-elle pas avec l'Italie une
étroite communauté de race et de langue?
N'avait-elle pas aussi, envers sa sœur latine,
de vieilles et récentes dettes de gratitude :
dette morale envers la Renaissance italienne,
où elle a puisé ce développement philoso-
phique, cet idéalisme, source du beau et du
juste, sans lequel elle n'aurait peut-être pas
atteint son rôle éminent de nation capable
de se battre pour une idée; dette plus posi-
tive envers les milliers de braves enfants de
l'Italie, qui, mêlés aux soldats du grand
Napoléon, avaient, d'Espagne en Russie,
versé leur sang sous nos drapeaux, pour
implanter, de concert avec nous, dans toute
l'Europe, nos principes de liberté?

Coûte que coûte, il fallait donc être des
amis du peuple italien. La France en avait
épousé la cause, et pour lui, — insouciante
d'ailleurs des conséquences, dont plusieurs,
il faut bien le reconnaître, furent néfastes,
— pour lui, elle marcha avec un élan que
sans doute on ne reverra plus jamais [1].

---

1. Voir l'Appendice II.

Le beau temps des interventions chevale-
resques est, en effet, passé. A présent, quand
on mobilise quelques-uns de nos régiments,
ce n'est plus pour secourir les peuples
opprimés qui gémissent sous le joug (il y
en a encore!). Ce n'est même pas pour reven-
diquer nos provinces perdues, dont on se
plaît, au contraire, et sans besoin, à traiter
les fils en sujets allemands et à les expulser
comme tels. Non, quand on mobilise quelques-uns de nos régiments, c'est pour
monter la garde devant des usines en
fermentation, mais passivement et sous des
bordées populaires d'injures et de quolibets
qui font apparaître tous ces pauvres guerriers, endurants à merci, comme autant de
christs à la colonne; ou bien c'est pour
donner l'assaut à d'inoffensives retraites qui
abritent la prière et la vertu et, à l'occasion,
servir d'adjuvant aux procédures de rapine
des liquidateurs en détresse. Bref! c'est pour
protéger les « mauvais riches » et violenter
les saintes femmes et les petits-enfants et
les vieillards désarmés. Besognes morti-
fiantes dont tout homme qui tient une épée

ravalée à de tels emplois ne peut avoir qu'à souffrir et à rougir(¹). Les soldats de Magenta et de Solferino ont eu à remplir une tâche autrement brillante.

---

1. Et je ne parle pas du surcroît de torture infligé à l'armée, lors des récents inventaires des biens d'églises, où il lui fallut marcher de concert avec toutes sortes d'argousins et de crocheteurs, pour le sapement des portes de sacristies et le forcement des coffres, elle-même s'associant pratiquement à l'ouvrage, en bien des lieux, et maniant, sans grogner (quand ce n'était pas avec un entrain de bravaches), les outils professionnels des anarchistes et des voleurs.

PREMIERE PARTIE

MAGENTA

———

I

Le long du Naviglio Grande. Une bataille de rencontre. Canrobert et Mac-Mahon. — Le passage du Tessin et le pont de
San Martino. — Ponte Vecchio di Magenta. Le monument aux
soldats français. La mort du général Clerc. — Ponte Nuovo
et la douane autrichienne. Buffalora. Regnault de Saint-Jean-
d'Angély et les grenadiers. Le cimetière. Attaque de Magenta
par le corps d'armée de Mac-Mahon. — La maison verte ou
Casa Giacobbe. — La stèle funéraire du général Espinasse.
Espinasse et le coup d'État du 2 décembre 1851. — L'église
de Magenta.

Magenta est situé entre Novare et Milan,
à quelques kilomètres du Tessin, dont le
cours sert de limite au Piémont et à la Lombardie. Cette bourgade, assez prospère, qui,
avec sa population de 5 000 à 6 000 âmes,
ressemble à une petite ville, a été rendue
célèbre par la victoire que l'armée française
y remporta sur les Autrichiens le 4 juin 1859.

Bien que la voie ferrée longe le théâtre
de la bataille dans presque toute son étendue, il est impossible d'apprécier par un coup
d'œil d'ensemble les conditions dans lesquelles l'action s'est déroulée. Le pays est
entièrement plat, il est vrai; mais ce n'est
pas une de ces plaines à horizons larges et
découverts du nord et du centre de la France.
Une végétation luxuriante, jointe à l'extrème
morcellement des propriétés, fait de cette
partie de la Lombardie un fouillis épais de
verdure : en tous sens, se croisent des files
serrées de peupliers, d'ormeaux et de mûriers
auxquels la vigne pend en festons, selon la
mode antique, et qui encadrent ou plutôt
enferment soit des prairies et des rizières,
soit des carrés plantés de maïs ou d'autres
céréales. A chaque pas aussi, des canaux et
des rigoles interceptent la marche, et la vue
barrée, de tous côtés, par des rideaux d'arbres, peut rarement s'étendre au delà du
champ où l'on se trouve. Sous peine de ne
rien distinguer, de ne rien comprendre, il
faut donc renoncer à s'orienter du wagon
dans une région aussi touffue et aussi cou-

pée. On ne se ferait même qu'une idée très incomplète des péripéties de la bataille, si l'on se bornait à une courte promenade aux environs immédiats de Magenta, encore que le combat ait pris fin dans cette localité qui, dès le commencement des opérations, avait été l'objectif de notre État-major.

Pour juger, sur le terrain, les mouvements respectifs des deux armées et les engagements qui en furent la conséquence, il faut descendre à la station qui précède le grand pont du Tessin : un des nombreux *San Martino* dont les cartes italiennes sont émaillées. On passe alors la rivière sur le viaduc commun au chemin de fer et à la route et, en continuant à suivre, pendant moins d'une heure de marche, vers le sud-est, une large chaussée, on atteint le *Naviglio Grande.* Sous ce nom, est désigné un des multiples canaux qui sillonnent la plaine lombarde et servent à capter et à répartir, pour les besoins de l'irrigation, la prodigieuse masse d'eau qui descend des Alpes et va se déverser dans le grand fleuve d'Italie, le Pô.

Le *Naviglio Grande,* qui est dérivé du

Tessin et coule parallèlement à lui, devait
jouer, dans la première partie de la journée
du 4 juin, un rôle capital. Creusé entre les
talus presque à pic de deux hautes berges
qui s'abaissent en forme de glacis, ce canal,
large de 10 mètres et profond de 2, ne
pouvait être franchi que sur les ponts des
villages ou hameaux qui se succèdent le
long de ses rives, notamment à Ponte Vecchio, à Ponte Nuovo et à Buffalora. Les
chemins partant de ces trois localités, cha-
cune distante de Magenta de 2 ou 3 kilomètres, s'y rejoignent comme les rayons
d'un éventail.

Les Autrichiens, déjoués dans leurs plans
stratégiques, étaient accourus s'établir à Magenta et à Buffalora, avec trois corps d'armée au complet (58 000 hommes), pour bar-
rer à l'invasion franco-sarde l'accès de Milan,
qui est seulement à quatre heures de marche.
Ils avaient là une position très forte, puisqu'ils étaient protégés par le Tessin et par
l'excellente ligne que forme, en arrière, le
Naviglio Grande, vers lequel, disons-le tout
de suite, s'obstina l'effort acharné de la Garde

impériale française, sous le commandement de Regnault de Saint-Jean-d'Angély.

Mais nos troupes, si vivement engagées sur le *Naviglio Grande,* n'ont guère eu à le dépasser et la victoire fut décidée, fixée à Magenta même, par un autre corps d'armée opérant, en quelque sorte, pour son propre compte, par celui de Mac-Mahon, qui, l'avant-veille (2 juin), avait franchi le Tessin, non pas à San Martino, mais à une quinzaine de kilomètres en amont, à Turbigo ; le court et brillant combat de ce nom, livré par la division du général de La Motterouge, avait permis à nos troupes de prendre pied solidement sur la rive gauche.

Entre les deux attaques, peu ou point de liaison ; entre les deux assaillants, presque aucune entente. Sans que le mouvement des deux fractions de l'armée française eût été concerté avec précision (ainsi du moins que le prétendent la plupart des historiens de la campagne de 1859), les Autrichiens s'étaient trouvés pris, à Magenta, comme dans un étau, entre le corps d'armée de Mac-Mahon renforcé de la division des voltigeurs et une partie de celui de Canrobert flanqué de la division des grenadiers de la Garde.

La bataille du 4 juin 1859 a donc été, au premier chef, ce qu'on est convenu d'appeler une *bataille de rencontre,* qui s'était engagée, poursuivie et dénouée en dehors des prévisions du vainqueur autant que de celles du vaincu. Le succès de nos armes y fut assuré, d'un côté, par les hésitations, les tâtonnements, les fautes du feld-maréchal autrichien Gyulai et, de l'autre, par le coup d'œil, la décision et l'intrépidité du général Mac-Mahon, qui, « marchant au canon », pour sauver d'une situation critique l'Empereur et sa Garde, avait transformé en un magnifique triomphe une journée compromise. Il fut digne de porter désormais le nom de cette journée ; l'Empereur, dès le lendemain, lui conféra le titre de duc de Magenta et, de plus, le bâton de maréchal, qui fut donné aussi, comme c'était justice, au commandant en chef de la Garde impériale, le brave Regnault de Saint-Jean-d'Angély.

A l'issue de ce duel épique, les Autrichiens, qui avaient laissé, sur le terrain,

7 000 morts ou blessés, 8 000 prisonniers, plusieurs canons et une énorme quantité de matériel et d'approvisionnements, opérèrent leur retraite du côté de l'est, vers le bas Tessin; même ils abandonnèrent Milan. Deux jours après, nos régiments, précédés de Napoléon III et de Victor-Emmanuel, y entraient en libérateurs, sous les ovations d'un peuple en délire. Ils y entraient par l'avenue du Simplon, que termine, aux portes de Milan, un arc de triomphe élevé par Napoléon Ier. Sous cet arc de triomphe, construit par l'oncle après Marengo, le neveu pouvait passer après Magenta.

*
* *

Sur les rives du *Naviglio Grande,* sur les têtes de pont qui donnent accès à Magenta, aux approches mêmes ou dans les rues de ce bourg, on peut suivre, pas à pas et comme minute par minute, la marche des colonnes qui s'y heurtèrent. J'ai voulu parcourir ce coin de terre posément, librement, durant un bel après-midi du mois de juin. Ce jour-là, tout rayonnait dans l'intensité d'une lumière d'été; la campagne semblait endormie par la chaleur lourde, sous un ciel d'un bleu profond. Pas un bruit, rien. Autour de moi, le silence, la solitude, la paix. C'est pourtant par ces chemins, à travers ces sentiers, sur ces talus, que se sont entre-tués tant de braves gens, un jour d'été pareil à celui-ci; là que, sous ce même ciel bleu, la terre a bu tant de flaques rouges. Mais elle oublie à présent, la terre, si les murs, encore criblés de balles, se souviennent. Dans ce champ de mort, les maïs, les mûriers, les rizières éclatent de vie. Des arbres ont poussé. Les routes, sur lesquelles les caissons roulaient furieusement, avec un bruit de tonnerre, ne portent plus que des charrettes de paysans ou, de loin en loin, des voitures de touristes; et, sur ces bornes kilométriques où s'asseyaient, pour étancher le sang de leurs blessures, — parfois pour mourir, — les zouaves du général Clerc ou les Croates de Clam-Gallas, on ne rencontre plus que quelque fermière, qui, harassée du labeur de la journée, accoudée sur ses genoux, le menton dans la main, regarde béatement le passant.

C'est en partant, ai-je dit, du village de San Martino, situé aux bords du Tessin, qu'il convient de visiter le champ de bataille. La rivière, très large à cet endroit, est enjambée par un solide pont de pierre, qui remplace celui que les Autrichiens avaient fait sauter en partie et dont les débris, conservés *ad memoriam,* gisent encore, à cette heure, sur la berge (¹). Pour être maître de la route de Magenta, qui était le but assigné aux mouvements de notre armée et dont on n'est séparé ici que par 4 ou 5 kilomètres, il fallait franchir le cours d'eau. L'opération commença à s'effectuer le 2 juin. Une division française venue de Novare, où était le quartier général avec l'Empereur, emporta San Martino de vive force et put passer le Tessin. Peu à peu passèrent également, sur l'autre rive, le général Regnault de Saint-

---

1. Dans les collections du Musée de l'armée, aux Invalides, on voit, sous vitrine, un tronçon du fil électrique au moyen duquel les Autrichiens firent sauter le pont du Tessin.

Jean-d'Angély, à la tête d'une division de la Garde et le maréchal Canrobert avec le 3ᶜ corps.

Par une large chaussée toute droite, fort bien entretenue, celle-là même que suivaient nos troupes pointant sur Magenta, et qui, le matin de la bataille, était encombrée d'un pêle-mêle sans nom de bataillons piétinants, de convois en panne, d'états-majors sur le qui-vive, d'un remous bruissant de fantassins, de cavaliers, de batteries, de caissons, je me dirige vers le *Naviglio Grande* et, après trois quarts d'heure de marche, je me trouve tout à coup en face de Ponte Vecchio, ce pont de pierre étroit, si bravement attaqué, si bravement défendu, où s'entassèrent, les uns sur les autres, les pantalons rouges. Emporté et perdu six fois, il fut repris, en dernier lieu, par le général Vinoy, sur des monceaux de cadavres. Wimpffen, Picart, Renault, les zouaves et les grenadiers, y avaient fait assaut de vaillance (¹).

_____

1. A Ponte Vecchio, un général, qui était divisionnaire seulement depuis un mois et qui fut ap-

Le village de Ponte Vecchio (auquel le
pont a donné son nom) est encore empreint
des vestiges de la guerre et comme tout
chaud de la bataille. Une auberge, sur la
rive piémontaise, est mouchetée de balles
autrichiennes. Elle était occupée par nos
soldats, qui tiraient en face sur une grande
maison, appelée la *Villa Castiglioni*. Les
tirailleurs se fusillaient ainsi, à bout portant,
d'une rive à l'autre. Elle a également, cette
villa, ses façades abimées, de même que les
maisons voisines, en bordure sur le canal.
L'image du combat, la vision sanglante réap-
paraît ici brusquement. Je vois le maréchal
Canrobert lançant ses colonnes d'attaque sur
ce point qu'il avait aussitôt discerné comme
étant le centre des positions ennemies. Je
vois les engagements corps à corps, à la
baïonnette, dans ces petites cours de ferme
si paisibles en ce moment. Je vois nos fantassins courant au pont, méprisant le dan-

---

pelé, en 1870, à jouer un rôle important, bien
qu'inefficace, dans l'organisation de la défense nationale, le général Trochu, fut mis à l'ordre du jour
pour la part brillante qu'il avait prise au combat.

ger; ils glissent sur les talus, tombent, se relèvent, épuisés, décimés, sous une pluie de balles, qui les met non en déroute, mais en lambeaux. Sur la rive lombarde, les Autrichiens font un feu d'enfer. Comment peut-on échapper à la mort en un espace si étranglé, où tout projectile apparemment devait porter?

L'ardeur de la lutte et le souvenir des nobles victimes sont rappelés par un monument spécial érigé sur la place de l'Église : une colonne de marbre entre deux canons autrichiens. La face septentrionale de ce monument porte l'inscription suivante : « Les valeureux soldats de la France tombés, le 4 juin 1859, en mettant en fuite l'armée autrichienne, revivent dans le cœur de l'Italie reconnaissante. » On y lit aussi les noms des officiers supérieurs de notre armée tués à la prise de Ponte Vecchio : le général Clerc, les colonels de Senneville et Chartier, le commandant Pissonet de Bellefonds, tous de la Garde impériale.

Le général Clerc, ancien colonel du 3e zouaves, commandait la brigade de tête

du 3ᵉ corps. Il fut tué dans l'après-midi, près
du pont, presque en même temps que le
colonel de Senneville (chef d'état-major du
maréchal Canrobert), au moment où il entraînait ses hommes à la poursuite des Autrichiens, qui, abandonnant la ligne du *Naviglio Grande,* ralliaient en hâte le corps de
Clam-Gallas à Magenta. Sa mort fut une
grande perte pour l'armée. C'était un jeune
chef héroïque dont la carrière, jusque-là,
n'avait été marquée que par des traits de
bravoure qui avaient popularisé son nom en
Algérie et dans la guerre de Crimée.

Pour aller de Ponte Vecchio à Ponte
Nuovo, on suit, pendant une demi-heure,
les bords du *Naviglio Grande.* Les deux
ponts commandent les routes vers Magenta,
dont on découvre toujours, à environ 3 kilomètres de distance, à droite, le haut clocher
émergeant au-dessus des arbres, comme un
point de direction.

Ponte Nuovo ne se compose guère que de
quatre gros bâtiments contigus au canal et
se faisant face, deux à deux, sur la chaussée.
La douane autrichienne y fut installée jus-

qu'en 1859; car, à cette date, d'un côté,
c'était le Piémont et, de l'autre, la Lombardie rattachée à l'empire des Habsbourg, et,
grâce aux morts de Magenta, depuis près
d'un demi-siècle, *des deux côtés,* c'est l'Italie. Les massives constructions de la douane
formaient ici une double tête de pont très
facile à défendre, par les feux croisés qu'elles
permettaient d'obtenir. Là encore on se battit rudement, on se fusilla et on s'embrocha
en conscience. En ce seul endroit, nous
eûmes 437 morts. C'est la division des grenadiers de la Garde qui eut le plus à souffrir
dans ses attaques impétueuses pour enlever
ce point de passage du canal, obstinément
barré par les Autrichiens. Mais les traces de
la bataille sont moins visibles qu'à Ponte
Vecchio, car les façades, où les multiples
meurtrissures attestèrent longtemps l'acharnement du combat, ont été remises à neuf
depuis peu.

Pendant que je suis à observer les lieux,
j'aperçois, sur la route, une foule animée,
bavarde, une longue théorie de jeunes gens
et de jolies filles, les garçons leur veste jetée

sur l'épaule, les filles des foulards roses ou
jaunes noués sur leurs brunes chevelures, et
tout ce monde riant comme au retour d'une
fête ; une scène bien italienne, presque un
tableau de Léopold Robert. « Ils reviennent
de déjeuner, me dit un voisin que j'interroge ;
ce sont les ouvriers et ouvrières de la fabrique
d'allumettes. »

La fabrique, à présent, c'est l'ancienne
douane autrichienne. Ces grands bâtiments
blancs, carrés, qui nous ont coûté tant d'efforts ; ces énormes dés de pierre qui cra-
chaient du fer et du plomb par toutes leurs
ouvertures et autour desquels s'amoncelaient
des cadavres français, sont devenus un banal
établissement d'industrie et les ouvrières y
vont en chantant. Rien de plus accoutumé
et de plus naturel, après tout, que ces con-
trastes. La vie reprend dès que la mort a
cessé son œuvre. C'est en vain que l'on
vient chercher ici l'évocation du carnage et
de la souffrance ; je n'ai surpris, dans la
population allègre qui m'entourait, que la
joie de vivre sous un ciel radieux.

Et je marche toujours, je marche en cô-

toyant le *Naviglio Grande,* qui nous fut tant
disputé par les divisions autrichiennes. En
plein soleil, je longe un étroit sentier, blanc,
poussiéreux, dépourvu d'ombre, sorte de chemin de halage. Apparemment l'aspect des lieux
n'a guère changé depuis 1859. Les terres
grasses, riveraines du canal, sont encore
plantées de maïs et j'ai devant les yeux les
berges en pente où nos pauvres troupiers,
zouaves, chasseurs, grenadiers, altérés par la
chaleur, exténués par la lutte, descendaient
boire à la hâte quelques gouttes d'eau, entre
deux coups de feu.

J'atteins enfin, après moins de 2 kilomètres, Buffalora, un pittoresque village, qui,
comme Ponte Vecchio, comme Ponte Nuovo,
est une tête de pont sur la grande route
reliant Novare à Milan par Magenta. Le combat avait commencé là dès le matin du 4 juin
et dura, sanglant, presque tout le jour. Nos
soldats et leurs chefs y firent montre d'héroïsme. La Garde tombait impassible. En travers du petit pont qui enjambe le canal et où
quatre hommes à peine passeraient de front,
on vit Regnault de Saint-Jean-d'Angély, im-

mobile sur son cheval, stoïque, donnant ses ordres, faisant avancer méthodiquement ses magnifiques bataillons au fur et à mesure qu'il voyait les colonnes ennemies entrer en ligne plus nombreuses et plus fournies, pendant qu'autour de lui ses soldats étaient atteints par centaines. Le vieux Mellinet, intrépide lui aussi, se rappelait là ses jeunes années, Waterloo, et, parmi les balles qui bourdonnaient comme un essaim, restait debout, ses deux chevaux ayant été tués, et criait: *En avant!* pendant des heures. Les grenadiers jetaient dans l'eau du canal, rougie de sang, qui les emportait, leurs lourds bonnets à poil, pour combattre plus aisément tête nue ou en bonnet de police. N'en pouvant plus, les généraux engagés aux divers points du *Naviglio Grande,* Regnault de Saint-Jean-d'Angély, Wimpffen, Picart, envoyaient des aides de camp quérir du renfort à l'Empereur, qui, avec son état-major, était à San Martino, attendant des troupes fraîches. L'Empereur répondait: « Personne encore, maintenez-vous ! »

A ce moment, le feld-maréchal autrichien

Gyulai se croyait vainqueur : il avait entouré
les positions françaises comme d'un cercle
de fer et de feu ; il avait tourné et presque
enveloppé Napoléon et sa Garde. Et de notre
côté, on tenait bon quand même ! On conti-
nuait de se battre en désespérés, sous un
ouragan de mitraille. Mais la poignée de
braves, qui avait affaire à un ennemi très
supérieur en nombre, protégé par de solides
redoutes, voyait avec angoisse ses rangs
s'éclaircir, ses forces s'épuiser, les munitions
lui manquer. Une plus longue résistance
allait être impossible ; les minutes s'écou-
laient lentes et critiques, quand on entendit
enfin, du côté de Magenta, la fusillade du
2ᵉ corps. C'était le salut.

Que d'aucuns, depuis, aient contesté à
Mac-Mahon son inspiration, en l'attribuant
à l'un de ses subordonnés, ce qui est certain
c'est que le vaillant homme, au bruit du
canon, accourut, — il venait de Turbigo,
— emporta tout, délivra tout, à l'instant où
tout allait être perdu. Il fit comme Desaix
à Marengo. A franc étrier, il avait rallié, en
route, les divisions des généraux Camou, de

La Motterouge et Espinasse, et il présentait
son armée, en masse compacte, devant les
troupes ennemies qui lui étaient opposées,
dans la plaine, entre Magenta et Buffalora.

Cette dernière localité, originale d'aspect,
que nos peintres de batailles d'autrefois,
Yvon, Protais, Bellangé....., auraient bien
dû illustrer, avec ses arcades trapues et ses
vieilles masures accrochées à la rue mon-
tante, garde encore les cicatrices du combat.
On montre des obus qui incendièrent une
partie du village; ils sont encastrés dans les
murailles. C'est la balafre glorieuse des
maisons. Une pierre du pont que les Autrichiens avaient fait sauter à la mine et que
les pontonniers du colonel d'Alton durent
rétablir tant bien que mal, une pierre énorme,
fut projetée sur la toiture d'une ancienne
osteria ; elle y est toujours, depuis quarante-
huit ans. L'église où tant de blessés furent
transportés le soir et qui entendit tant de
plaintes d'agonies, l'église restaurée n'offre
aucun monument commémoratif, aucune inscription. Quant au petit cimetière de l'endroit, il garde les dépouilles de deux chefs

de bataillon du 2ᵉ grenadiers, tués à Buffalora. Le fossoyeur, que je trouvai appliqué
à sa triste tâche journalière, m'a conduit
devant leurs tombes juxtaposées et signalées
par deux croix toutes semblables qui portent les noms de ces officiers. L'un s'appe-
lait Adrien de Mauduit ; l'inscription de
l'autre, sur la pierre tendre rongée de moi-
sissure, est désormais illisible.

Je poursuis à présent ma promenade vers
Magenta (3 kilomètres), dont je n'ai pas
perdu de vue le clocher, à distance, tout le
temps que je suivais les bords escarpés du
Naviglio Grande. L'action a été particulièrement chaude et s'est résolue, à l'honneur de
nos armes, devant le bourg même, tout près
de la station du chemin de fer. Mac-Mahon
se chargea de mener l'attaque vivement,
dans un élan superbe. Ses troupes furent
accueillies par les pièces d'artillerie dispo-
sées à chaque issue et par les tirailleurs pos-
tés à chaque fenêtre. Il fallut faire un siège.
Devant la rue principale, le général Auger
établit une batterie formidable de trente
pièces, qui facilita les approches. Après

quoi, nos régiments donnèrent l'assaut, le
2ᵉ zouaves (colonel Texier) en tête (¹), avec
les tirailleurs algériens, de la division de La
Mottcrouge. On pénétra bientôt dans la
localité, où se fit une affreuse boucherie.
Force fut de débusquer l'ennemi, à la baïonnette, de chaque rue, de chaque logis. Le
général autrichien Clam-Gallas résista avec
la dernière énergie (²).

A l'entrée septentrionale du bourg, le
regard est attiré par une grande maison à
volets verts, précédée d'un jardin, que l'on
voit du chemin de fer, en passant devant
Magenta. C'est la *Casa Giacobbe*, maison
désormais légendaire, comme celle des *dernières cartouches*, à Bazeilles. Elle fut le
point stratégique le plus important et un
des plus furieusement disputés. Près d'elle

---

1. Le premier, dans la campagne d'Italie, le
2ᵉ zouaves enleva un drapeau autrichien, celui du
9ᵉ régiment, et, pour ce fait d'armes, son propre
drapeau fut décoré solennellement de la Légion
d'honneur, le 19 juin 1859, peu de jours, par con-
séquent, après la bataille de Magenta.

2. Voir l'Appendice III.

sont tombés un grand nombre de zouaves, frappés par les balles des chasseurs tyroliens qui faisaient feu de toutes les ouvertures. Le peintre Yvon a représenté cet épisode dans un grand tableau, d'ailleurs assez médiocre, qui fut exposé au Salon de 1863 et qui, aujourd'hui, est au Musée national de Versailles.

La façade de la *Casa Giacobbe,* dont le délabrement a été pieusement respecté, porte toujours les traces et, je dirai, les stigmates de la lutte terrible dont sa possession fut la cause et le prix. J'eus le plaisir de visiter cette demeure sous la conduite de son propriétaire, qui a eu l'intelligente initiative d'y organiser un petit musée militaire dont je parlerai plus loin.

C'est par une balle partie d'une fenêtre de la *Casa Giacobbe* que fut tué le général Espinasse ([1]). Il était en train, à 40 mètres de distance, d'observer, avec sa lunette d'approche,

---

1. A ses côtés, au même moment, fut aussi atteint mortellement son officier d'ordonnance, M. de Froidefonds, lieutenant aux carabiniers.

les Autrichiens qui débouchaient du fond du village, par la grande rue lui faisant face. Un petit obélisque marque l'endroit précis où il fut frappé. Sur l'inscription, on lit que Napoléon III fit transporter son corps en France. Il lui devait bien cela. Il lui avait même des obligations étroites ; car c'est Espinasse, au temps où il était colonel du 42ᵉ de ligne, qui avait le plus aidé à fonder l'Empire. On a fait honneur du coup d'État du 2 décembre 1851 à Morny, à Persigny, à Saint-Arnaud. Mais pour exécuter le plan hardi que le prince-président avait conçu, il fallait un bras, une épée ; il fallait un homme qui ne craignît pas de se compromettre, de se découvrir largement. Espinasse sut agir avec promptitude, décision, bonheur. On peut dire, tant il y apporta d'énergie virile, que c'est lui surtout qui fit le coup. Soit, ce fut un attentat contre la représentation nationale. Mais la nation n'en prit pas le deuil ; il n'y eut que ce pauvre Baudin qui se fit tuer, ce qui lui valut une immortalité inespérée et une statue, à Paris, d'un goût déplorable. Non, la nation n'en prit pas le deuil ;

elle ratifia, même elle applaudit..., et les
fonctionnaires encore plus vite que tous les
autres, les fonctionnaires ne donnant jamais,
en échange du fixe qu'ils touchent, qu'un
dévouement qui ne l'est pas. Volte-face et
palinodies, entières, subites et résolues, il
en sera toujours ainsi au lendemain d'une
affaire bien menée. Pour mon compte, à
Magenta, devant l'humble stèle du général
Espinasse, j'ai salué sa mémoire, toute sa
mémoire, avec une cordiale et chaleureuse
sympathie!

Le monument du général Espinasse est
placé devant la principale rue de Magenta.
Dans cette rue, on voit encore, de côté et
d'autre, des éraflures sur les maisons pourtant recrépies, et même des boulets incrus-
tés dans les façades; la pluie de plomb a
laissé partout son empreinte vivante. Au
centre du bourg, à l'angle de la place du
Marché, sur laquelle on se battit corps à
corps, où nos soldats, fusillés du haut
des terrasses, presque à bout portant, es-
caladaient les maisons, une inscription en
italien consacre la reconnaissance des Ma-

gentins, témoins de l'héroïsme de l'armée
française :

A Napoleone III et Vittorio Emanuele II,
Vindici della italiana indipendenza,
I Magentini spettatori della grande battaglia
Vittoriosamente sostenuta dalle armi alleate
Il di 4 giugno 1859,
Con riverenza e affetto inenarrabili
Questo ricordo posero.

Près de là, est l'église paroissiale, aux
environs de laquelle se sont tirés, à la nuit
tombante, les derniers coups de fusil, qui
n'étaient pas les moins enragés; du haut
du clocher, occupé par l'ennemi, les balles
pleuvaient sur nos soldats. Fort mutilée
pendant la bataille, cette église servit
d'ambulance aux blessés des deux armées.
Depuis lors, un autre monument religieux a
été érigé, par les soins d'un comité dont
M. l'abbé Trajella, curé de Magenta, fut le
promoteur, à la pieuse mémoire des soldats
français, sardes et autrichiens, tombés le
4 juin 1859. C'est une très belle basilique
dans le style lombard; elle s'élève à l'extré-

mité du bourg, sur la route qui mène à
Ponte Vecchio. On vient seulement d'achever la décoration intérieure de ce nouveau
temple. Devant sa façade, on montre la maison où Napoléon III logea après la victoire ;
le souvenir en est perpétué par une plaque
de marbre.

II

L'ossuaire. Les tables de bronze. Fleurs fanées et impératrice déchue. Le falot électrique dans le trou aux morts. La statue du duc de Magenta. — Le musée militaire de la *Casa Gia-cobbe.* Les fresques de Giacomo Campi. Menus souvenirs du champ de bataille. L'épée du général Espinasse. Les petits soldats de carton de l'armée d'Italie. — Les uniformes de l'Empire. Pitou en capote bleue. Armée nouvelle et généraux *modern-style.* La folie du nombre. Soldats de métier du temps jadis. La chimère du désarmement.

Les deux monuments les plus émouvants que le visiteur français rencontre à Magenta sont l'ossuaire et la statue du maréchal Mac-Mahon ; ils figurent l'un près de l'autre, en avant de la bourgade, à quelques pas de la voie ferrée, sur le terrain même où les deux armées luttèrent avec le plus d'ardeur.

L'ossuaire garde les restes mortels, long-temps dispersés, des soldats ; il affecte la forme d'une haute pyramide tronquée, avec des couronnes et des trophées sculptés sur la pierre, armes et casques autrichiens, ima-ges des dépouilles arrachées à l'ennemi. Des inscriptions fort brèves sont gravées sur les faces ouest, nord et est : *All'esercito fran-*

*cese. — Napoleone e Vittorio Emanuele al-
leati. — La riconoscenza e la pietà.* Sur la
face sud, il n'y a qu'un nom et une date:
Magenta, 4 juin 1859.

On y pénètre comme dans une chapelle,
et des ouvertures ornées de vitraux éclai-
rent d'un jour tamisé l'intérieur de cette
sorte d'autel élevé au souvenir des morts du
4 juin. Le long des murailles, sur trente-deux
tables de bronze, on peut lire les noms de
ces morts, énumérés régiment par régiment : 1ᶜʳ tirailleurs algériens, 1ᵉʳ étranger,
2ᶜ zouaves, 3ᶜ grenadiers, 1ᵉʳ voltigeurs,
infanterie de ligne, chasseurs à pied..., avec
leurs généraux et officiers en tête, ainsi que
dans une revue funèbre ; Espinasse et Clerc
ouvrent la marche. On n'a pas recueilli les
noms des vaincus, comme si toute défaite
n'avait que des victimes anonymes; nous
savons cela, pour l'avoir appris depuis.

Aux murs également sont appendus, en
grand nombre, des couronnes en verroterie,
augmentées, chaque année, le jour anniversaire, et quelques bouquets de fleurs aujour-
d'hui fanés, l'un offert par l'impératrice Eu-

génie, avec une pancarte qui rappelle sa visite, le 1ᵉʳ octobre 1869. A ce moment, elle
se rendait en Égypte, pour l'inauguration
d'une des plus belles œuvres entreprises
par les Français, le canal de Suez. Elle allait
y être reçue sous les pavois de toutes les
marines du globe, avec un apparat impérial
et royal qui convenait à son rang et à sa
beauté ; et, avant de faire voile vers l'Orient,
mue par un sentiment des plus nobles, elle
venait, à Magenta, remercier, sur leurs
tombes, ceux qui, par leur bravoure, avaient
acquis à la France tant de gloire, tant de
prestige dont la fin, hélas ! était si proche,
pour notre malheur et pour le sien.

Sur le parquet de marbre de l'ossuaire,
sont réunies toutes sortes d'épaves de la
sanglante journée : armes rouillées de 1859,
carabines tyroliennes, carabines *Minié* de nos
chasseurs à pied, sabres ébréchés, baïon-
nettes tordues, petits schakos autrichiens
aux cocardes rouges et noires, fers rongés,
cuirs déformés, tous les accessoires du grand
drame qui furent mis au rancart, la pièce
étant finie et la toile baissée.

Au milieu du monument est une ouver-
ture circulaire pratiquée dans les dalles. Le
gardien soulève la trappe et abaisse, jusqu'au fond du caveau, une lampe électrique
suspendue à la voûte par un fil. C'est là,
dans un large sous-sol, pareil à une crypte,
que les morts ennemis, désormais mêlés,
fraternisent, à découvert. Ils sont au nombre de six mille. Dans ce singulier charnier,
tout est géométriquement arrangé et, le
long des parois arrondies, les ossements
sont groupés, classés, avec soin, comme
pour mieux montrer les échantillons de
squelettes. La lumière rose éclaire de façon
blafarde tous ces ossements gris. Des ric-
tus à faire peur, des orbites noires, des
débris de thorax, des fémurs, des tibias,
apparaissent sous des clartés changeantes.
De temps à autre, le gardien arrête son falot
devant quelque crâne qui est béant d'un
coup de sabre ou qui porte une balle logée
dans le temporal. — « Celui-ci, dit-il, est
un crâne d'Autrichien…, celui-là, un crâne
de Français. Voyez la balle qui l'a tué…
Les balles françaises sont *più lunghe e più*

piccole ! » Elles avaient en outre deux rainures circulaires. — « Tenez, voici un
Arabe. » Et, en effet, ce crâne, de struc-
ture plus étroite, au front bombé, est un
crâne de turco ; car il en est tombé aussi,
en Italie, de ces enfants d'Afrique, comme
Mahommed ben Ali, Djellali ben Sultana,
Tahar ben Galkroussi..., et tant d'autres dont
je lisais les noms sur les plaques de bronze,
pauvres gens qui se battaient bien moins
pour conquérir la Lombardie que pour s'as-
surer une place dans le paradis où le Pro-
phète béatifie les braves pendant l'éternité.

Le gardien tout à coup me fait remarquer
un squelette géant, qui tapisse, à lui seul,
tout un côté de ce trou aux morts et se
détache, entier et saisissant, sur le fond
garni d'ossements. — « Un tambour-major ? »
— demandai-je. — Non, répond le guide.
Un cuirassier. » (Sans doute un de ces
solides gars lorrains ou alsaciens qui étaient
les plus beaux hommes de nos corps de
troupe.) Et il ajoute ces mots singuliers :
— « Le tambour-major est à Solferino. » Il
y eut, en effet, un tambour-major tué, pen-

dant la campagne, à Solferino. Nous le
rencontrerons plus loin, avec d'autres tableaux encore plus macabres.

En sortant de l'ossuaire, j'attaque conversation avec ce gardien, un bon vieux septua-
génaire, né à Magenta. Il me dit qu'il a
servi huit ans sous les Autrichiens, avant
que la Lombardie n'eût été affranchie et
qu'il était présent, *dans leur armée*, à la
bataille du 4 juin. Angoissante conjoncture,
n'est-ce pas ? Avoir à combattre sa patrie
d'origine et d'affection, parmi les rangs ennemis, devant le clocher du pays natal ! En
vérité, il y a parfois des heures tragiques
même dans la vie des plus humbles !

Le monument du maréchal Mac-Mahon
a été placé devant l'ossuaire ; l'un et l'autre
s'élèvent au milieu des arbres, dans un
même enclos de verdure, qui suggère et
impose le recueillement. On ne peut que
louer la pensée délicate qui a inspiré de
dresser l'image du noble chef près de la
dépouille de tous les braves qu'il mena si
crânement à la victoire.

Le monument fut érigé en 1895, après la
mort de Mac-Mahon, à l'aide d'une souscription publique, sur l'initiative du maire
de Magenta, M. Brocca; le projet avait rencontré, en Italie, le concours empressé de
tous, depuis le souverain jusqu'aux plus mo-
destes citoyens.

La statue est assez expressive. Elle montre
le maréchal en tenue de campagne, debout,
le buste légèrement rejeté en arrière, les
yeux fixés sur l'horizon, la main droite dans
la poche du pantalon, la main gauche tenant
une lunette d'approche. Sur le piédestal,
avec la date de la naissance et de la mort,
cette simple inscription : *Au maréchal Mac-
Mahon, duc de Magenta.* Peut-être serait-on
en droit de reprocher au sculpteur, M. Luigi
Pecchi, d'avoir donné à son héros un air
un peu débraillé. Il a tenu, avec un parti
pris évident, à le représenter en soldat d'A-
frique, parce que le général commandait, à
Magenta, un corps d'armée formé de vieilles
troupes dont il était déjà le chef, en Algérie,
depuis 1857, avant qu'il fût chargé de les
amener en Italie.

Le monument fut inauguré le 4 juin 1895,
jour anniversaire de la bataille. On entoura
cette cérémonie d'un apparat solennel, propre à raviver les sentiments d'amitié et de
reconnaissance des Italiens vis-à-vis de la
nation française. Il y eut une mission officielle de notre pays, conduite par le général
de Vaulgrenant, qui avait servi sous le maréchal pendant dix-sept ans. Des foules
considérables étaient accourues de tous les
points de la Haute-Italie; elles encadraient
un grand nombre de personnages et de
généraux italiens, auxquels s'étaient joints
des représentants de l'armée, des députa-
tions de vétérans (reduci), des sociétés militaires lombardes et piémontaises avec leurs
drapeaux, des notabilités de la colonie française de Milan, des associations populaires..., etc. Un discours du général Mo-
cenni, ministre de la guerre, rendit hommage
avec un accent élevé, au guerrier dont on
célébrait la fête et qui, par son heureuse
initiative et sa valeur martiale, avait obtenu
que la victoire posât ses ailes sur les drapeaux unis de la France et de l'Italie.

Il me reste à parler du petit musée militaire installé dans la *Casa Giacobbe,* dont j'ai déjà dit un mot précédemment. Ce musée, qu'un avocat italien, M. Giovanni Giacobbe, a eu la pieuse pensée de constituer au lieu même où l'Italie gagna son indépendance, n'est autre que sa propre maison, qui fut, aux derniers instants de la bataille, ainsi qu'on l'a vu, un point stratégique des plus disputés. A l'instar des musées analogues que l'on visite en d'autres endroits illustrés par des rencontres sanglantes, à Leipzig, à Waterloo, à Frœschwiller, à Gravelotte, à Bazeilles, celui de la *Casa Giacobbe* renferme une curieuse collection de menus objets recueillis sur le champ de bataille, comme aussi d'images et de documents relatifs à la glorieuse journée de Magenta ; et même, il renferme, ce qui est ici fort inattendu, des peintures symboliques.

M. Giacobbe, en effet, voulant faire bien les choses, s'est adressé à un des peintres les plus connus de son pays, M. Giacomo Campi, de Milan, et lui a commandé, pour le portique et diverses pièces de sa demeure,

une série de grandes fresques. Mais l'artiste
n'a point envisagé sa tâche ainsi que l'eût
fait, chez nous, M. Édouard Detaille ou
quelque autre de nos peintres militaires. Ce
qu'il a représenté sur les murs de la *Casa
Giacobbe,* ce sont les causes et les effets de
la bataille plutôt que la bataille elle-même
avec ses divers épisodes ; ce sont les grandes idées, politiques et morales, qui se sont
agitées autour de l'affranchissement de l'Italie et qui ont produit Magenta. L'œuvre de
M. Campi est d'une conception originale et
ingénieuse ; mais, comme il arrive souvent
dans la peinture symbolique, les détails n'en
sont point d'une clarté parfaite.

Ce qui est beaucoup plus intéressant et
plus touchant dans ce petit musée, c'est la
vaste salle consacrée aux souvenirs directs
de la bataille ; elle a été aménagée par
M. G.-F. Giacobbe, lieutenant dans la ca-
valerie italienne et fils du propriétaire. On
y voit, juxtaposées fraternellement, toutes
sortes de reliques des combattants français
et autrichiens : uniformes, casques, épau-
lettes, gibernes, armes, médailles..., etc.

L'une de ces reliques, et non la moins précieuse, est l'épée du général Espinasse,
cette épée qui fit l'Empire! Bien d'autres
noms d'officiers français figurent également
dans cette salle, à des places d'honneur, et
aussi les portraits des principaux généraux
de notre armée d'Italie, d'après des origi-
naux du temps conservés au Musée civique
de Padoue.

Des vitrines contiennent certains documents d'une véritable valeur historique: tel
le brouillon autographe, chargé de ratu-
res, de la proclamation adressée par Napoléon III, le 8 juin 1859, aux populations du
Milanais; telle encore la liste authentique
des invités de l'Empereur au banquet qui
eut lieu le lendemain de la victoire. Sur cette
liste, écrite de la main même du souverain,
je remarquai des noms connus qui sonnent
agréablement à l'oreille française : généraux
de Montebello, Reille, de Vaubert, Fleury,
Ney; colonel Castelnau; baron Reille..., etc.
Les invités étaient au nombre de quinze; et
cependant le dernier de la liste porte le
nº 16. Par une superstition qui fut bien sin-

gulière en un jour si heureux, Napoléon
avait laissé le n° 13 en blanc.

Mais une chose à laquelle il faut aussi
s'arrêter dans cette modeste exhibition militaire, une chose qui passionne et qui
fait vibrer les cœurs, ce sont les merveil-
leux petits soldats de carton, peints à la
main, découpés et montés sur blocs de bois,
qui, aux deux bouts de la salle, se trouvent
alignés sur gradins, campés au port d'armes
face au spectateur, et présentés par compa-
gnies et par bataillons, selon les formations
de l'époque. Cette armée de menues figu-
rines, à une échelle de 10 centimètres de
haut, offre le déploiement apparemment
complet de tous les corps de troupe qui
composaient l'armée d'Italie. Pour les visi-
teurs français à fibres délicates, pour les
fanatiques de nos gloires rétrospectives, qui
sont maintenant de plus en plus clairsemés,
c'est un émerveillement de passer cette
revue de soldats en images, sur les lieux
mêmes où leurs modèles ont agi, de retrou-
ver, en ces heures tristes où l'on n'a plus
l'air d'estimer la fonction militaire à son

juste prix, la fidèle et brillante représentation de ces vétérans, qui, naguère, vinrent
ici, superbement et dans l'intérêt d'une
cause qui n'était même pas la leur, faire
assaut de bravoure. Les pimpants costumes
de l'armée d'alors y sont reconstitués avec
une parfaite minutie d'exactitude, avec un
scrupuleux souci du détail. Tous ces régiments, précédés de tambours-majors éblouis-
sants et de martiale allure, entraînés par les
musiciens qui sont les chantres de la victoire, et dont les tuniques et dolmans, sur-
chargés à plaisir, symbolisent, comme il convient, l'amour passionné, extravagant, de
l'uniforme, cette armée de soldats en papier
produit un effet épique ; pour mignonne
qu'elle apparaisse dans son arrangement,
elle dégage comme une grisante odeur de
poudre et témoigne d'une splendeur guerrière, d'une crânerie esthétique, que, par
malheur, on ne goûte plus beaucoup de notre
temps.

Dans une large armoire vitrée, qui occupe
tout le milieu de la pièce, sont exposés des
uniformes de l'armée autrichienne, cuiras-

siers de Moravie, chasseurs de Bohême ou
du Tyrol, uhlans, hussards..., etc., entremêlés
aux uniformes de l'armée française. J'admire
là, de nouveau, la brillante tenue des soldats
du second Empire, qui ne le cède en rien aux
riches uniformes autrichiens; oui, vraiment,
elle donnait au troupier un air un peu plus
décoratif qu'à présent.

On dit parfois que l'habit ne fait pas le
moine (s'il est permis encore de parler de
moines, en ce temps où on les pourchasse
de partout sans miséricorde). Mais on peut
dire, à bien des égards, que l'habit fait, en
grande partie, le soldat ; un homme vêtu
en *highlander* écossais, en *bersagliere* italien,
en *honved* hongrois ou en cuirassier blanc
de la Garde impériale allemande a tout de
même une autre allure que notre tourlourou
de deuxième classe, à capote bleue. Au lendemain de la guerre de 1870, il s'est élevé,
en France, une secte de réformateurs militaires vraiment trop rigides, des pres-
bytériens de l'uniforme et des quakers de
l'ordonnance, pour enseigner, ce qui est
absurde, que notre armée avait péri par

l'éclat désordonné de ses costumes. L'on
s'est mis alors, d'année en année, à supprimer, l'un après l'autre, les ornements qui
enjolivaient la tunique et le dolman ; on a
rogné, sans relâche, sur le dos des hussards,
des chasseurs à cheval, des tambours-majors et des sapeurs ; à ces derniers, on a
même rasé la barbe. Mais à force d'éliminer
ou de réduire à peu de chose tout ce qui
donnait à la tenue de nos soldats un éclat
sémillant, tout ce qui faisait leur parure,
les passementeries et les buffleteries, les
baudriers et les sabretaches, les plumets et
les pompons, les bonnets à poil, les schakos,
schapskas et colbacks empanachés... (dont
il est fait encore usage dans presque toutes
les armées étrangères), à force, dis-je, d'éliminer tout cela et quelques autres choses en
sus, on est parvenu, chez nous, à ne plus
laisser, sous son inélégant ajustement, que
le gars rustique et mal équarri que nous
voyons déambuler dans nos rues, plus apte,
ce gars, au labour qu'à la parade, et qui
sort de son régiment, ou plutôt s'en échappe,
à peu près dans l'état où, deux ans aupara-

vant, il était sorti de son village. Je fais des
vœux pour que le vêtement de plus en plus
simple, de plus en plus bourgeois, que l'on
réserve à nos troupiers, ne leur enlève rien,
dans les batailles de l'avenir, de leur valeur
martiale ; mais il n'a point encore été dé-
montré que l'orgueil et la joie de porter
un bel uniforme, copieusement soutaché
et chamarré, ne soient pas, chez le soldat,
une sorte d'aiguillon de gloire exaltant le
courage et qu'en particulier, ils n'aient
pas été pour beaucoup, le 4 juin 1859,
dans l'entrain belliqueux des vainqueurs de
Magenta.

*
* *

Je sais bien que les armées du second
Empire sont tenues, par l'école nouvelle,
dans un certain discrédit; nous avons en-
tendu des officiers généraux, et non des
moins cotés, en parler d'une façon étrange.
Un commandant de corps d'armée, le général
Pédoya, dans un toast d'adieu qu'il portait
à ses officiers, en quittant le service actif,

énonçait qu'il fallait chercher la cause première de nos malheurs dans les triomphes
mêmes de la guerre d'Italie et dans cette
fausse idée, qu'on s'était faite alors, que
c'était la valeur des soldats qui assurait le
succès des batailles; et un autre chef de
corps, un chef *modern style,* comme il s'est
appelé lui-même, le général Passerieu, faisant
incidemment, dans un ordre du jour, le
parallèle entre les soldats du présent régime
et ceux de l'Empire, assimilait ces derniers
à une *horde de sauvages.*

Voilà des propos qui indiquent que l'excès
d'un certain zèle, chez leurs auteurs, l'emporte un peu trop sur le souci de la vérité
historique et sur le culte du souvenir. Pour
se donner le droit de censurer, de façon si
cavalière, les hommes et les institutions du
passé, nos généraux républicains devraient
avoir à cœur, au préalable, de montrer les
prouesses par où ils se sont personnellement
signalés ; à cet égard, l'ex-commandant du
10e corps d'armée, aujourd'hui président de
la commission des cuisines roulantes (?) au
ministère de la guerre, a-t-il beaucoup à

s'enorgueillir de ses faits et gestes en Bretagne, au cours de la campagne de 1903 ([1])?

Somme toute, l'armée nouvelle (sur laquelle le pays avait fondé tant d'espérances
et risqué tant de millions, avant qu'elle n'en
fût venue, à la faveur de l'espionnage maçon-
nique et de la délation, à s'entre-déchirer),
l'armée nouvelle, dis-je, n'a été employée
jusqu'ici qu'à de menues et faciles expéditions ([2]) ; mais elle n'a pas encore donné sa
mesure *dans une grande guerre*. Dieu veuille
que ce soit le plus tard possible ! Dieu
veuille aussi que les événements ne viennent
pas confirmer, à nos dépens, les pronostics
des hommes d'État prévoyants, comme
M. Thiers, ou des stratèges perspicaces,
comme le général allemand von der Goltz,
qui, en matière d'organisation militaire,
réprouvaient surtout ce qu'ils appelaient la
folie du nombre !

Lorsque les clairons sonneront la diane
vers la frontière, on jettera dans l'échan-

---

1. Voir l'Appendice IV.
2. Voir l'Appendice V.

crure de la brèche dégarnie qui s'ouvre à
l'invasion, sur cette étroite bande de territoire séparant Longwy de Belfort (environ
60 lieues à vol d'oiseau), on jettera de
formidables masses d'hommes, 1 million et
peut-être davantage, — sans compter ceux
qui viendront par derrière, — avec la file
interminable des fourgons régimentaires qui
boucheront toutes les routes. La France
n'aura jamais levé pareille armée ; mais
sera-ce une armée réellement ? Et où est le
général en chef, fût-ce un cerveau de génie,
qui se chargera de la conduire et même
seulement de la mouvoir ? Où est l'intendant
qui parviendra à la nourrir ? En dépit de
tous les plans plus ou moins savants de
mobilisation et de concentration (s'il en
existe vraiment, de tels plans ! [1]), cette mi-

---

1. Ne pourrait-il pas en être de ces plans si vantés
comme il en fut de l'approvisionnement des places
de l'Est, lesquelles, tout le monde le sait aujourd'hui,
se trouvaient presque entièrement dépourvues pendant l'alerte de juin 1905, qui exposait la nation,
d'une heure à l'autre, à la nécessité d'y faire le plus
pressant appel ?

lice — appelons-la par son nom, — cette mi-
lice, formée en majeure partie des réserves,
c'est-à-dire de paysans, d'ouvriers et de
bourgeois que l'on aura, à l'improviste, arra-
chés aux occupations paisibles et sédentaires
de la vie civile, et qui partira fanfaronne et
craintive tout à la fois, pourrait bien, après
quelques jours seulement de marches et de
contremarches, de bivouacs sous la pluie et
d'escarmouches meurtrières, et avec le concours fatal de l'incurie en haut et de l'indis-
cipline en bas, — sans compter la visible
usure de la race, — n'être plus autre chose
qu'une grouillante et inextricable cohue de
gens puissamment armés, c'est certain, et
convenablement commandés, n'en doutons
pas, mais tout de même éclopés pour la
plupart, débandés et affamés,... et consé-
quemment pillards par-dessus le marché.
La horde de sauvages, la voilà peut-être !

A ce moment où la fortune du pays, son
intégrité, sa vie même seront en jeu, on
pourra regretter (mais il sera trop tard) de
n'avoir plus sous la main les soldats de
métier de l'ancienne armée, bien entraînés

et bien nourris, allègres et contents de leur sort, les remplaçants volontaires plusieurs fois chevronnés, que méprise, en termes de choix, le général Passerieu, les vieux lascars durs à cuire, que, dans les instants critiques, on pouvait appliquer aux rudes besognes, les zouaves de Palestro et de Magenta, les grenadiers de Buffalora et ceux que nous verrons dans le chapitre qui va suivre, les voltigeurs de Solferino.

Et alors, s'il y a des comptes à demander, on devra s'en prendre, en toute justice, aux politiciens égoïstes qui, dans l'unique dessein de capter plus longtemps leur clientèle électorale, auront affaibli, chez nous, d'année en année, l'instrument nécessaire des réparations et des revanches et aussi, ajouterai-je, aux renégats du patriotisme, qui, par soumission à je ne sais quelles influences occultes qui travaillent à notre déchéance, auront obstinément soufflé sur la nation, et jusque dans les casernes, le plus pernicieux de tous les esprits et le moins viril, celui qui ne réussit à s'infiltrer que dans les sociétés décrépites et percluses, l'esprit antimilitariste. Oui, si, quelque jour, malheur arrive, on devra s'en prendre — mais, en vérité, le recours sera illusoire, car ils sont déjà légion!) — à ces partisans de l'abdication résignée, à ces guitaristes de la paix à tout prix, de la paix à outrance, à ces docteurs apeurés et naïfs du désarmement, qui s'imaginent pouvoir, à eux seuls, supprimer le fléau de la guerre et se font forts, les pauvres, d'étouffer les inévitables conflits de l'avenir sous leurs émollients cataplasmes d'arbitrage international, à tous ces prôneurs d'entente cordiale enfin, qui ne rêvent de concorde avec les étrangers (fussent-ils, par tradition, les plus perfides) qu'à l'instant précis où une politique malheureuse, dont ils sont les auteurs, les complices ou les dupes, ne s'exerce qu'à installer la discorde parmi les Français([1]).

---

1. Voir l'Appendice VI.

DEUXIÈME PARTIE

SOLFERINO

————

I

Après la bataille de Magenta, l'ennemi
désemparé nous abandonna sa première
ligne de défense, où il avait cependant
amassé, de longue main, de puissants
moyens d'action et de résistance. Évacuant
la Lombardie par échelons, il se retira sur
l'Adda, puis sur le Mincio, en arrière des
plaines de Castiglione, illustrées déjà par la

brillante victoire de Bonaparte sur le vieux
Wurmser, le 5 août 1796. Adossé à plusieurs
forteresses, les bastions du célèbre *Quadri-*
latère (Peschiera-Vérone-Mantoue-Legnano),
où il pouvait prendre ses points d'appui, il
attendait l'armée française, avec des renforts
considérables.

Le feld-maréchal Gyulai avait été déposé
de son commandement et, en son lieu et
place, la direction des opérations fut as-
sumée par l'empereur François-Joseph lui-
même, tout jeune alors, mais secondé par
les conseils techniques d'un homme du
métier, le feldzeugmeister baron de Hess.
Napoléon III, suivant et précipitant le mouvement de recul de ses adversaires, avait
pris pour objectif la ville de Brescia, où il
se trouva le 18 juin (¹); il y fixa son quartier
général le jour même où François-Joseph,
arrivé à Vérone, adressait à son armée
l'ordre du jour faisant appel à son dévouement.

Les Autrichiens, qui connaissaient très bien

---

1. Voir l'Appendice VII.

le pays, puisqu'ils le détenaient depuis 1814, avaient pu y choisir d'avance un magnifique champ de bataille. Le soir du 23 juin, après avoir repassé le Mincio, derrière lequel ils s'étaient d'abord retirés, ils s'établirent sur de fortes positions défensives au sud du lac de Garde ; à cet endroit, la plaine lombarde, jusque-là unie comme une table, commence, en se rapprochant de la région montagneuse, à se soulever en de molles ondulations. Profitant des avantages du terrain, ils occupèrent avec 600 pièces de campagne, une série de collines dominées spécialement par deux points : Solferino et San Martino.

Le 24, l'armée franco-sarde s'étant mise en marche aux premières lueurs du jour, fut bientôt en contact avec l'ennemi, inopinément, comme à Magenta ; égarée par l'excès de confiance de l'État-major général, elle pensait n'avoir affaire qu'à de simples reconnaissances. Le choc fut terrible. Victor-Emmanuel qui marchait à notre gauche avec 25 000 Piémontais, donna contre Benedek, à San Martino, en avant de Pozzolengo.

Baraguey-d'Hilliers trouva les Autrichiens
sur les premières pentes de Solferino, dont
les hauteurs étaient abondamment garnies
de troupes et d'artillerie ; Mac-Mahon, Niel,
Canrobert rencontraient également, dans
leurs mouvements à travers la plaine de
Medole, de fortes colonnes arrivant du sud.
Les deux armées, avançant l'une contre
l'autre, se heurtaient sur toute la ligne. A
6 heures du matin, l'Empereur était prévenu,
à Montechiaro, où il avait transporté son
quartier général, que le canon et la fusillade
éclataient sur une courbe de 5 lieues d'étendue. 300 000 hommes étaient en présence, à
savoir 160 000 Autrichiens contre 140 000
Franco-Piémontais.

Les Français, après neuf heures de lutte
obstinée, par une chaleur et une poussière
suffocantes, réussirent à s'emparer des positions essentielles. Dans une attaque vigou-
reuse, ils avaient emporté — mais au prix
de quelles hécatombes ! — les premiers
contreforts intermédiaires, le mont Fenile et
le mont des Cyprès (sur lequel s'élève,
depuis lors, l'ossuaire que nous visiterons

tout à l'heure). Ils avaient délogé les Autrichiens du cimetière et des autres points
stratégiques tenus par eux à Solferino. Ils
avaient brisé la ligne ennemie, dont les
réserves même étaient atteintes, avant d'a-
voir pu s'engager, grâce à la longue portée
de nos nouveaux canons rayés. De leur
côté, à San Martino, les divisions piémontaises de Mollard, de Cucchiari, de Fanti,
conduites par Victor-Emmanuel en personne,
eurent à lutter âprement contre tout un
corps d'armée autrichien. Quatre fois, l'endroit fut pris et perdu par elles ; à la cin-
quième reprise seulement, nos alliés purent
s'y maintenir, après avoir sacrifié le quart
de leur effectif.

Deux batailles distinctes, bien que con-
nexes et même liées ensemble — car les
deux armées française et sarde se prêtaient
main-forte, leurs opérations étant simulta-
nées et leurs positions contiguës — furent
donc livrées le même jour, en des lieux très
proches, distants seulement de 10 à 12 kilomètres l'un de l'autre : Français contre
Autrichiens à Solferino, Piémontais contre

Autrichiens à San Martino. Vers 5 heures
du soir, l'armée autrichienne, malgré l'é-
nergie de sa résistance, était en déroute de
tous côtés, abandonnait Solferino et battait
en retraite au delà de Cavriana, où s'étaient
tirés les derniers coups de feu, pour se
retrancher derrière le Mincio. A ce moment,
un ouragan épouvantable, précédé de tour-
billons de poussière et accompagné par une
pluie torrentielle, fondit sur les armées en
lice et, les plongeant dans l'obscurité, favo-
risa la fuite des bataillons autrichiens. Nos
troupes étaient épuisées à un tel point
qu'elles ne purent inquiéter l'ennemi dans
sa retraite. Après le combat, où, de part et
d'autre, l'on avait déployé peu de tactique,
mais beaucoup de valeur, 25 000 hommes
couvraient le terrain, dont près de 11 000
morts ([1]).

Le même soir, Napoléon III alla se loger,
à Cavriana, dans la maison du syndic, où
François-Joseph avait eu son quartier général pendant l'action. Il dormit, heureux

---

1. Voir l'Appendice VIII.

sans doute et fier, dans le lit fait pour son
adversaire. Ainsi va l'histoire ; on m'a
montré, un jour, à Frœschwiller, le château
des Durkheim de Dammartin, où, le 6 août
1870, après notre débâcle de Reichshoffen,
le kronprinz prussien, avec son état-major,
consomma le dîner préparé pour le maréchal
Mac-Mahon.

La bataille de Solferino a été une des
luttes les plus formidables qu'aient enregis-
trées les annales de la guerre moderne,
moins toutefois par le nombre total des
combattants que par l'acharnement qu'ils
déployèrent. Elle a donné lieu, de la part
de nos soldats, à d'inoubliables actions
d'éclat. Plusieurs de nos corps de troupe
eurent leurs aigles décorées : le bataillon
des chasseurs à pied de la Garde, que commandait Clinchant ; le 10ᵉ bataillon des
chasseurs à pied ; le 76ᵉ régiment d'infanterie de ligne. Il convient d'ajouter que les
Piémontais engagés à San Martino, et spécialement les brigades d'Aoste et de Savoie,
s'y couvrirent aussi de gloire ; en joignant,
sur ce point du champ de bataille, leurs

efforts à ceux de l'armée française à Solferino et dans la plaine de Medole, ils aidèrent
puissamment au brillant succès de la journée.
Du reste, ils s'en montrèrent si vaniteux
qu'ils eurent tôt fait, comme il arrive toujours, d'oublier le service rendu. Nos blessés
mouraient encore dans les hôpitaux de Milan
et de Brescia que déjà, par une présomp-
tion puérile, ils effaçaient, partout où ils le
rencontraient, le nom de Solferino pour le
remplacer par celui de San Martino ; et c'est
sous ce dernier nom que les historiens,
publicistes et maîtres d'écoles italiens dési-
gnent aujourd'hui le plus communément la
bataille du 24 juin. Quoi qu'il en soit, de
cette double et sanglante rencontre, où trois
souverains étaient en présence, devait sortir
l'affranchissement de la Lombardie ouvrant
la voie à la rédemption de l'Italie, après
treize siècles de dissensions, d'humiliations,
de souffrances.

Les pertes des alliés à Solferino et à San
Martino avaient été considérables et la position des Autrichiens, au milieu du Quadri-

latère, était encore assez forfe pour que la campagne ne pût être envisagée par eux comme tout à fait perdue; ils pouvaient en appeler, une nouvelle fois, à la fortune des armes. Si le mot de Napoléon III: « L'Italie libre jusqu'à l'Adriatique », devait être une vérité, la partie la plus difficile de la guerre restait à accomplir.

Avant de poursuivre l'aventure, l'Empereur jeta un regard derrière lui. A ce moment même, on craignait une diversion sur le Rhin. La Prusse s'agitait pour soulever l'Allemagne contre nous et faisait mine de mobiliser; elle avait refusé de servir les plans de l'Autriche, quand la situation s'embrouillait pour cette puissance, mais ne voulait pas non plus l'abandonner en proie au caprice de ses ennemis. Les autres grandes puissances, l'Angleterre, la Russie, parlaient d'imposer leur médiation, donnant ainsi à réfléchir également aux deux adversaires alors aux prises. Enfin l'empereur d'Autriche faisait descendre, par le Tyrol, une armée de renfort, destinée à prendre les alliés à revers, entre le lac de Garde et l'Adige. Et l'on était dans les mois, redoutables en Italie, de juillet et août.

Napoléon, deux fois vainqueur, mais conscient du péril qu'il courait, se vit obligé, bien à regret, d'arrêter brusquement la marche de l'armée française, qui s'apprêtait à bloquer Vérone et Mantoue; il la retint sur le Mincio, lorsque l'élan de nos troupes, le but de la guerre et le concours d'une flotte de siège, qui, sous le commandement de l'amiral Romain-Desfossés, n'attendait qu'un signal dans l'Adriatique, pour se joindre aux opérations, devaient lui ouvrir les portes de Venise. Là, patriciens, marchands, gondoliers, tout le monde était prêt. Un seul coup de canon de l'escadre française et la révolte éclatait ; c'était un délire général. Mais voici qu'à l'improviste, le 8 juillet, Napoléon III faisait proposer à l'empereur François-Joseph un armistice, aussitôt accepté et suivi, trois jours après, des préliminaires de Villafranca ([1]).

---

1. Ils furent convertis en paix définitive par le traité de Zurich (10 novembre 1859).

Les trois combattants déposaient les
armes. L'Autriche cédait toute la Lombardie à la France et, par l'entremise de cette
puissance, à la Sardaigne. On avait choisi
cette forme de sécession pour alléger le
sacrifice consenti par François-Joseph et,
en même temps, pour faire apparaître, sous
un jour plus brillant, les bienfaits de Napoléon à l'égard de l'Italie. Mais beaucoup
d'Italiens, et Cavour tout le premier, éprouvèrent quelque colère à voir l'Empereur
s'arrêter ainsi en chemin, laissant son programme inachevé et son œuvre incertaine.
Avec cette versatilité d'émotions, propre aux
Méridionaux, et qui les fait passer tour à
tour de l'enthousiasme à l'abattement, ils
exhalèrent vivement leurs mécomptes, en
songeant moins au bien qu'ils avaient conquis qu'aux espérances qu'ils avaient conçues ;
et leurs yeux s'ouvrirent sur « l'ami désinté-
ressé de l'Italie », lorsque les stipulations
secrètes passées entre lui et Cavour, dans le
fameux conciliabule de Plombières, furent
révélées et que Nice et la Savoie, Nice patrie
de Garibaldi, la Savoie berceau de la dynas-

tie régnante, se trouvèrent annexées à la
France, par le traité de Turin, du 24 mars
1860.

Ce traité augmentait notre territoire de
trois départements et portait notre frontière
méridionale sur la crête des Alpes. Pour la
première fois, depuis 1815, la France, non
par force ou par surprise, mais par de pacifiques accords, à la suite d'une assistance
généreuse prêtée à une nation sœur et amie
et après le libre suffrage des populations,
dépassait les limites tracées autour d'elle à
l'époque de ses revers. Quant au petit
royaume de Sardaigne, grossi de la Lombardie dont il n'était qu'à demi satisfait, il
allait s'étendre jusqu'au Mincio, pour absor-
ber bientôt, l'un après l'autre, les divers
gouvernements de la Péninsule qui n'étaient
que des lieutenances plus ou moins avérées
de l'Autriche ; il n'engloba toutefois la Vénétie que six ans plus tard, après la victoire
prussienne de Sadowa, à laquelle les Italiens
coopérèrent, du reste, assez platoniquement.
De ce jour était réalisé l'ambitieux rêve de
M. de Cavour, qui avait entrevu, dans l'unité

de sa patrie, la puissante concentration d'un
seul peuple sous un seul roi. De ce jour
aussi s'affirmait, avec toutes les conséquences, bonnes ou mauvaises, qui allaient
en dériver pour l'équilibre des forces en
Europe, la victoire du principe des nationalités.

La visite du champ de bataille. Pozzolengo et Madonna della
Scoperta. Position escarpée de Solferino. — L'attaque du ci-
metière ; Bazaine et Ladmirault. Une inscription émouvante.
Châtiment de la curiosité. — La *Rocca* et la *Spia d'Italia*.
Trophées d'armes. La Salle des souverains. Victor-Emma-
nuel II et Napoléon III en 1859 et en 1871.

La visite du double champ de bataille, à
laquelle nous procéderons à présent, s'accomplit dans les conditions les plus faciles.
En allant, par chemin de fer, de Brescia à
Vérone, on voit surgir, à droite, sur une colline basse couverte de pins, un peu avant de
joindre la forteresse de Peschiera, une haute
tour, blanche et neuve, dont les dimensions
grandissent à mesure qu'on s'en rappro-
che ; cette tour, élevée à la gloire de Victor-
Emmanuel II, marque l'endroit où les Piémontais furent vainqueurs. J'en parlerai tout
à l'heure, au retour de notre promenade.
Bientôt on touche à la station de *San Martino della Battaglia;* ce nom seul invite le
voyageur à descendre.

La distance qui nous sépare ici de Solfe-

rino est de 12 kilomètres environ, aisément
franchissables par une bonne route carros-
sable. On traverse des plaines fertiles, plantées de vignes, de maïs et de mûriers. Rien
n'y révèle, au premier abord, le drame dont
elles furent le théâtre; cependant, le 24 juin
1859, elles ont été noyées de sang. Nous
passons à Pozzolengo et à Madonna della
Scoperta. Dans cette dernière localité, eut
lieu un engagement très meurtrier entre Piémontais et Autrichiens; ceux-ci cherchaient
à tourner la position, pour attaquer de flanc
l'armée française. Le nombre des morts fut
considérable : dans une même fosse, on jeta
deux cents cadavres.

Tout le long du chemin, on aperçoit
devant soi, à l'horizon, des hauteurs ver-
doyantes et hachées en tous sens de ravins.
Le conducteur me les montre du geste :
« Solferino », me dit-il. Ce qui en apparaît,
un peu sur la gauche, est une tour carrée,
espèce de bastion solitaire, longtemps en
ruines, maintenant restauré, qui a eu son
rôle dans la bataille; elle se dresse, cette
tour, sur un mamelon crevassé, une éminence

rocheuse, qu'on appelle, du reste, la *Rocca*.
A droite, le village, agglomération d'environ
1 300 âmes, s'étale sur la crête de la colline.
A voir le plateau qui porte Solferino, séparé
de la plaine par des escarpements abrupts,
ce glacis qui tombe en pentes rapides de
plus de 100 mètres et qu'il a fallu gravir
d'assaut, on s'explique aisément l'intensité
de la lutte. Nous côtoyons, à gauche, une
colline voilée de cyprès et qui porte une
chapelle badigeonnée de blanc, éclatante
sous le soleil. C'est l'un des ossuaires ; nous
y reviendrons.

Puis nous montons, ou plutôt je monte
seul, obligé de quitter la voiture au bas de
la côte, tant la déclivité du terrain est dure
pour les chevaux. A peine suis-je en haut,
sur la place déserte de Solferino (*Piazzale
del Castello*) où je cherche à m'orienter,
qu'un passant, qui flaire en moi l'étranger,
se présente pour guider ma promenade, dont
il devine aussitôt le but. Il se trouve que
c'est le fossoyeur de la paroisse. Bonne
aubaine ! Pour commencer, naturellement il
me mène tout droit au cimetière, à quelque

cent mètres de distance, à l'extrémité occidentale du village.

Le cimetière de Solferino ne renferme pas les victimes de la bataille, hormis un très petit nombre. On a inhumé, par grandes masses, les soldats tués aux endroits mêmes où ils sont tombés ; puis, dix ans plus tard, on a réuni leurs dépouilles dans deux grandes nécropoles. Mais, au cimetière, on s'est battu avec ardeur au début même des opérations. Spacieux et clos de murs solides, il fut aisé aux Autrichiens de le constituer en place de circonstance, d'en faire un réduit dont les approches étaient difficilement abordables. Nos troupes affrontèrent la position par le côté qui fait face à la plaine de Castiglione. L'assaut fut donné, intrépidement du reste, par un général de division qui, pour son bien et pour le nôtre, eût mieux fait d'y rester, le général Bazaine. Cet assaut coûta la vie à une foule de braves du 1er corps français et des chasseurs de la Garde ; Ladmirault y fut blessé deux fois et dut quitter le champ de bataille. Alors que nous avions perdu déjà beaucoup trop de monde autour

du cimetière, — du fait du maréchal Baraguey-d'Hilliers, qui sacrifiait les hommes inu-
tilement — on se résolut enfin à en saper, à
coups de canon, les murailles rebelles. Le colonel du 1ᵉʳ zouaves, Brincourt, un héros de
la guerre de Crimée, entra le premier par la
brèche, son régiment derrière lui ; il venait
d'avoir l'épaule traversée par une balle et
marchait quand même, soutenu par quatre
sapeurs. Les batailles de l'avenir nous mon-
treront-elles encore des Français de cette
trempe ?

Dans cet enclos funèbre, qui n'a gardé
nulle trace apparente de la lutte meurtrière
dont il fut l'objet, je rencontre quelques
tombes d'officiers entretenues avec soin. Le
fossoyeur m'arrête devant celle d'Armand
des Chazelles, âgé de vingt-cinq ans (!), lieutenant au 1ᵉʳ zouaves. A côté, se trouve
celle d'Hippolyte Cloche, sous-lieutenant au
1ᵉʳ voltigeurs de la Garde. Au-dessous de ce
nom, mon compagnon me signale une inscription italienne à demi effacée. Il a dû la
lire bien souvent ; il la relit encore tout haut,
devant moi, avec un attendrissement que je

partage aussitôt. Elle est pleine, en effet, de sentiment et de mélodie :

Le ossa di
IPPOLITO CLOCHE
Allievo della Scuola militare di S. Cyr
Sottotenante nel reggimento dei Volteggiatori
della Guardia imperiale
Caduto su questo colle
Nella grande battaglia del 24 giugno 1859
furono qui sepolte
dalla fedele ordinanza
che tremante per l'ambascia la mano
Velato l'occhio dalle lagrime
Colla baionetta incideva nel muro
Questa informe croce
A indizio della sede suprema.

(« La dépouille d'Hippolyte Cloche, élève de « l'École militaire de Saint-Cyr, sous-lieutenant « au 1er régiment des voltigeurs de la Garde im- « périale, tombé sur cette colline, pendant la « grande bataille du 24 juin 1859, fut ensevelie, « à cet endroit, par son ordonnance fidèle, qui, la « main tremblante dans cette funèbre tâche et les « yeux noyés de larmes, traçait sur le mur, avec sa « baïonnette, cette croix informe, pour signaler « l'endroit où reposait à jamais son cher défunt. »)

Cette croix, tracée par la baïonnette du soldat dévoué, on la voit encore, protégée par un grillage et montrée comme une pieuse relique. On a beau dire! La guerre, dont on ne veut plus et que même on maudit, sans que d'ailleurs on parvienne à l'empêcher, la guerre développe et exalte certaines qualités, certaines vertus, de l'essence la plus précieuse, que l'état de paix, trop longtemps prolongé, ne fait qu'émousser. Ailleurs qu'au feu de la bataille, ce jeune soldat inconnu eût-il jamais trouvé l'occasion d'une pensée aussi généreuse, d'un sentiment aussi délicat, que l'on salue encore, avec émotion, à un demi-siècle d'éloignement?

Entre ces deux tombes d'officiers apparaît, contre le mur d'enceinte et sous un châssis vitré qui l'abrite, un crâne présentant une mâchoire fortement édentée. C'est celui d'une vieille femme, une victime aussi de la bataille de Solferino, ou plutôt une victime de la curiosité, Antonia Savio, qui fut atteinte par une balle de fusil, au moment où elle se tenait à une fenêtre pour suivre les péripéties du combat. Elle avait été plus

aventureuse que les autres ; car, comme me
le disait une survivante de cette tragique
journée, avec qui je conversai, toute la
population féminine, pendant la mêlée, était
enfermée avec les enfants dans les caves ; on
n'en remonta que le soir, pour faire de la
charpie à l'usage des blessés.

En traversant de nouveau le village, au
sortir du cimetière, j'aperçois certaines façades de maisons encore criblées de traces
de boulets. Il y en a un qui est resté engagé
sur le fronton de l'église ; comme celle de
Magenta, cette église n'était qu'une ruine
au lendemain du 24 juin. Elle s'élève sur le
Piazzale del Castello, où les Autrichiens,
après la prise du cimetière par les divisions
Bazaine et Ladmirault, s'étaient retranchés
et défendus avec bravoure. Là, en effet,
était le nœud de la bataille ; car, si l'on emportait le village de Solferino, on menaçait
le quartier général autrichien à Cavriana, le
centre ennemi était enfoncé et ses ailes im-
puissantes.

Nous nous acheminons vers la *Rocca,* ce
mamelon détaché qui porte une tour mas-

sive dont j'ai parlé tantôt. Position stratégique des plus dures à enlever : elle le fut,
après des difficultés inconcevables, après des
prodiges d'héroïsme, par les voltigeurs du
vieux Camou, aidés par les batteries d'artillerie du général Manèque. Nos corps de
troupe y éprouvèrent de grandes pertes ;
mais ils réussirent à prendre à l'ennemi des
prisonniers, des drapeaux et des canons.

Cette tour de Solferino, on l'aperçoit de
très loin de quelque côté que l'on vienne. Sur
tous les tableaux qui représentent le champ
de bataille, elle marque le point culminant.
C'est une construction très ancienne, qui
appartenait, en dernier lieu, à un château
disparu des Gonzague de Mantoue. On croit
qu'elle fut édifiée vers le onzième siècle,
pour observer les descentes des barbares du
Nord, qui, débouchant par la vallée de l'A-
dige et Vérone, ravagèrent la Haute-Italie
pendant tout le Moyen Age. On se trouve,
du reste, ici, au milieu de plaines, qui, sans
cesse, furent des champs d'invasion ; en
aucun pays, l'histoire ne se dresse ni si vivante ni si proche.

L'étendue panoramique que découvre la tour lui a fait donner, depuis longtemps, le nom de *Spia d'Italia,* en français : l'espionne ou mieux le phare d'Italie. Elle domine une contrée immense embrassant une partie des provinces de Brescia, de Crémone et de Vérone ; elle offre, de plus, vers le nord, sur la nappe azurée du lac de Garde et sur les hautes cimes des Alpes d'Engadine et du Tyrol, un coup d'œil d'une beauté et d'une grandeur souveraines. Mais, comme s'il fallait que, devant les plus nobles spectacles de la nature, l'homme et son abri terrestre apparussent encore plus chétifs, tout, dans le voisinage, porte le cachet de la misère : je n'ai vu, je puis dire, à Solferino, que masures en ruine et gens en haillons.

On a restauré cette tour, en 1872, afin d'en faire une sorte de musée militaire. Certains locaux ont été ménagés dans son enceinte pour recevoir des souvenirs de la bataille. Au rez-de-chaussée, dans le pourtour intérieur, sont appendus des trophées réunissant les diverses armes employées par les trois armées belligérantes et qui furent

fournies par les gouvernements de France,
d'Autriche et d'Italie ; cette collection inté-
ressante s'étale aussi dans des vitrines, ainsi
que de nombreux projectiles d'artillerie. Au
milieu de la pièce, sont deux canons de
bronze, avec leurs affûts : un obusier italien
et un canon français, un de ces nouveaux
canons rayés, qui, expérimentés pour la première fois, pendant la campagne d'Italie, y
avaient fait merveille.

Au sommet de la tour, à laquelle on
accède commodément par une rampe douce,
se trouve un salon luxueusement décoré et
qu'on appelle la *Salle des souverains*. De
fait, le visiteur y voit, en entrant, deux
grands portraits équestres de Napoléon III
et de Victor-Emmanuel II, par le peintre
Carlini, de Venise. Aux impostes et sur les
panneaux des portes, de riches ornements
emblématiques. Des bas-reliefs : la France
et l'Italie se tenant par la main ; un zouave
et un *bersagliere* piémontais, les soldats
légendaires, sculptés en plein bois. Tout
autour, dans des armoires vitrées, un spéci-
men de toutes les variétés d'armes fran-

çaises, italiennes et autrichiennes qui ont figuré dans la guerre de 1859.

Au milieu de la salle, sur un large et riche pupitre, dans le style du quinzième siècle, est exposé un cadre d'ébène, incrusté d'ivoire et contenant un feuillet artistement enluminé (¹). Ce feuillet porte la signature autographe des deux monarques alliés :

Napoléon. Chislehurst. 7 septembre 1871.
Victor-Emmanuel. Venise. 24 septembre 1871.

A ce moment, à cette date, quelle dissemblance entre leurs deux destinées! Quel contraste issu du jeu tragique des événements !

L'un, le Piémontais, était au comble du succès, de la popularité et même de la gloire. Soldat rusé, prompt à saisir toutes les occasions et à utiliser tous les concours,

---

1. C'est la première page d'un album conservé précieusement dans la grande salle de la Société de Solferino et de San Martino, au *Museo civico* de Padoue, et où ont été recueillies les signatures de tous les généraux et officiers, français et italiens, survivants, qui ont pris part à la campagne de 1859.

il avait su amalgamer l'autorité royale et la révolution, en s'appuyant sur Cavour et sur Garibaldi ; il avait joué simultanément des sympathies de l'empereur des Français et des convoitises du roi de Prusse ; il s'était enrichi par nos revers autant que par nos victoires ; il avait conquis la Lombardie par nous, la Vénétie sans nous, Rome malgré nous. Finalement, du petit Piémont, où il étouffait, il avait réussi à tirer l'Italie, une Italie frémissante de jeunesse et d'ambition.

L'autre, au même moment, en 1871, — celui que Bismarck lui-même, vers 1865, dénommait l'arbitre de l'Europe, sans l'assentiment duquel on ne pouvait rien tenter, — languissait à Chislehurst, vaincu, détrôné, proscrit, malade et, j'ajouterai, injustement méconnu, décrié et sali par ses adversaires et, ce qui est pire encore, perfidement abandonné par la plupart de ceux qui s'étaient dits ses amis et qui avaient été ses protégés et ses obligés, après avoir été ses courtisans et ses adulateurs.

Donec felix eris, multos numerabis amicos ;
Tempora si fuerint nubila, solus eris.

De ceux-là, de ces amis d'antan, de ces faux amis, passés sitôt sous d'autres fanions et qui, comme toutes les âmes basses, trouvèrent dans la servilité leur acheminement vers l'abandon ingrat, il en subsiste quelques-uns; ils ne sont pas les moins en vue et souhaiteraient fort qu'on pût oublier leurs premiers élans dans la vie publique.

Quand le hasard des voyages vous met en présence de telles choses, comme le rapprochement de ces deux signatures et de ces deux dates, on n'a guère besoin, pour les rendre plus sensibles, de les habiller pompeusement avec des paraphrases, car il n'est pas, somme toute, de drame plus saisissant que l'histoire toute simple et toute nue !

III

En descendant de la colline de Solferino,
on rencontre, à peu de distance, sur la
droite, l'ossuaire qui renferme les dépouilles
de nos soldats. Il faut savoir que les nombreuses victimes de la bataille du 24 juin
n'avaient pu être enterrées que d'une manière expéditive et sommaire, à cause de
l'abondance des cadavres et de la célérité
qu'imposaient les chaleurs de la saison.
L'exhumation générale et la réunion des
corps furent opérées seulement après le
laps de dix années prescrit par les lois italiennes sur les sépultures ; il y fut procédé
par les soins d'une société spéciale, qui
s'était formée dans ce dessein, en 1869, la

société dite *de Solferino et de San Martino,*
originairement présidée par M. le sénateur
Torelli.

Dès le premier instant, on avait eu en
vue de créer deux ossuaires, susceptibles
d'offrir un but à des pèlerinages patrioti-
ques. A cet effet, on choisit à Solferino et à
San Martino les points les plus importants
et, en quelque sorte, les clefs de position
des deux batailles. 9 500 squelettes furent
déterrés ; lugubre opération qui dura deux
mois, mars et avril 1870, et qui eut pour
ouvriers beaucoup de ces villageois qu'on
avait déjà employés aux inhumations, dix
ans plus tôt.

L'inauguration officielle des ossuaires,
aménagés à l'aide de fonds provenus d'une
souscription publique, fut faite par le prince
royal Humbert ([1]), devant les envoyés spé-

---

1. Le prince royal était assisté, à cette cérémonie,
par le ministre de la guerre d'Italie, un champion
des guerres de l'indépendance, le général Govone,
qui, en 1859, avait été nommé colonel à trente-
quatre ans, pour sa vaillante conduite dans la bataille de San Martino.

ciaux des empereurs de France et d'Autriche et en présence d'un grand nombre de représentants officiels et d'une foule qu'on évalua à 35 000 personnes. Journée vraiment mémorable, puisque, à un acte de réparation et de pieuse reconnaissance, se joignait le spectacle touchant de trois peuples agenouillés sur les tombes de leurs fils et couvrant de larmes et de lauriers une terre où avaient reposé côte à côte les vainqueurs et les vaincus ! Cela se passait le 24 juin 1870. On croyait alors fermer le livre de la mort, quand, par un jeu cruel de la destinée, il devait se rouvrir sitôt, plein de pages blanches ; on faisait le décompte des mânes de nos soldats, dans le moment même où l'ange funèbre qui plane avec son épée flamboyante allait en accroître démesurément le nombre ([1]).

L'ossuaire de Solferino, qui domine une colline isolée, est établi dans une petite église sous le vocable de Saint-Pierre. Pendant la bataille, cette église était occupée

---

1. Voir l'Appendice IX.

par les Autrichiens ; sur la place extérieure,
ils avaient braqué un batterie de canons. On
peut imaginer dans quel état ce pauvre édifice était réduit, le soir du combat, après
avoir été criblé et à moitié détruit par la
canonnade française et enlevé, contre une
défense désespérée, par les voltigeurs de la
Garde. La société l'a fait restaurer. On y
accède par une allée de cyprès bordée de
jardins.

Sur la façade de cet hypogée guerrier,
apparaît une grande composition en mosaï-
que, qui représente saint Pierre tenant ses
clefs symboliques ; au fronton, deux anges
semblent appeler, au son de leurs trom-
pettes, les morts à la résurrection. Et, sous
cette figuration significative, la belle et con-
solante devise, d'après l'évangéliste saint
Jean : *Mortui resurgent incorrupti.* Oui vraiment, ils renaîtront, le jour venu, dans la
gloire, les preux dont nous allons contempler les ossements : grenadiers, canonniers,
zouaves, tirailleurs algériens, chasseurs et
voltigeurs de la Garde..., et aussi, sans doute,
les providentiels prétoriens du 42ᵉ de ligne,

qui, avant d'être ici, avaient eu à manœu-
vrer ailleurs, sous la conduite de leur colonel Espinasse, pendant la nuit tragique du
2 décembre 1851. Ils renaîtront ! Morts dans
cette journée glorieuse de Solferino, ils n'ont
pas dû mourir pour de bon. Ils n'auront pas
vécu seulement pour soulager les Italiens,
nos frères, de la tyrannie des Croates. On a
encore besoin d'eux, parce que des Croates,
il y en a aussi chez nous ! *Mortui resurgent
incorrupti.*

Pénétrons dans l'intérieur. Ici l'âme du
voyageur français, après avoir été gonflée
d'orgueil par les souvenirs cueillis sur le
champ de bataille, est étreinte douloureuse-
ment par la pitié. Au fond de la petite église,
affectée à usage d'ossuaire, un autel sur lequel, le 24 juin de chaque année, on célèbre une messe commémorative, est surmonté
d'une grande croix noire et garni de drape-
ries de deuil. Derrière cet autel, c'est-à-dire
dans le chœur, dans les chapelles absidales,
dans la crypte et jusque dans les galeries et
corridors y donnant accès, sont rangés des
crânes et des ossements. On a réuni là les

restes de 6 879 soldats, qui avaient été ensevelis précipitamment, au lendemain de la
bataille, à l'endroit où ils étaient tombés.
Soldats français et autrichiens mêlés, car
la mort a créé, entre eux, la fraternité d'armes, comme l'indique, sur l'une des parois
du funèbre sanctuaire, cette inscription en
gros caractères, qui frappe le regard : « A
ces restes confus, donnez des guirlandes,
dites de pieuses paroles. Ennemis dans la
bataille, frères dans la paix du tombeau, ils
reposent ensemble. »

On visite sous la conduite d'un gardien.
J'avais la bonne fortune d'être seul et je pus
prolonger la visite à mon gré. Le gardien
de l'ossuaire de Solferino est un vétéran des
campagnes de l'indépendance italienne, un
vieux brave et un brave homme, de nature
ouverte et généreuse, qui porte, sur la poi-
trine, beaucoup de médailles attestant sa
valeur passée. Il fut prisonnier des Autrichiens à Custozza, où il était engagé. J'ai
conversé cordialement avec lui ; en nous
quittant, nous étions bons amis. Je me suis
souvent plu à remarquer que les meilleurs

amis, ici-bas, sont ceux qu'on voit le moins longtemps.

Les murs de la nef sont couverts de couronnes, dont chaque anniversaire voit augmenter le nombre. Il en est qui ont été déposées par la colonie française de Milan, par la société du *Souvenir français,* par des sociétés militaires, par des écoles... Plusieurs d'entre elles, plus grandes et plus riches que les autres, attirent spécialement l'attention : celle offerte, lors de sa visite, par le roi Humbert, le 26 août 1890, celle du général Fabre et de la mission française, en 1893..., etc.

Des deux côtés du vaisseau de l'église, diverses tables, alignées le long du mur, portent des vitrines où sont renfermées des reliques de la bataille, objets divers et touchants qui ont appartenu à des soldats français ou autrichiens. On les a trouvés près de leurs ossements au moment de l'exhumation et, parfois, ils ont servi à reconstituer leur identité. A côté d'armes rongées par la rouille, de balles, d'éclats d'obus, de débris d'équipement, de pièces de monnaies, on y

voit des livrets individuels, des carnets de
notes ayant appartenu à des officiers d'état-
major... et de petits livres de prières, que,
bien sûr, des mères villageoises, croyantes
et confiantes, avaient logés elles-mêmes,
avec sollicitude, dans la poche du gars qui
partait. Je remarquai aussi, non sans attendrissement, plusieurs brevets de la médaille
militaire. Ils portaient cela toujours avec
eux, les pauvres diables ! Ça ne les quittait
plus ; c'était comme un scapulaire d'honneur
et de courage qui les gardait contre les
défaillances à l'heure du danger !

Mon guide me mène ensuite dans le
chœur ; et là, je me trouve en face d'un tableau véritablement sinistre. Du haut en bas,
le mur est tapissé de crânes, placés, jusqu'à
hauteur de la voûte, sur une trentaine de
tablettes. Ils sont distribués et rangés dans
le plus grand ordre ; ils sont alignés militai-
rement, comme pour une dernière revue.
Avec irrévérence, on pense aussitôt aux files
de bocaux d'une boutique de pharmacien.
Et ils ne se présentent pas exposés sous un
grillage ou sous un vitrage, comme, par

exemple, dans l'ossuaire de Bazeilles ou
dans l'église de Sainte-Ursule, à Cologne,
ni défendus, par une balustrade, contre l'approche indiscrète du touriste, ainsi que cela
existe aux couvents célèbres des *Cappuccini*
de Rome et de Palerme. Non, ici, vous pouvez les voir de tout près, les toucher, les
soulever même. Le gardien ne s'en fait pas
faute. Devant vous, il saisit certains crânes ;
il les sort du rayon, si je puis dire, il vous
les met en mains, pour vous en faire remarquer l'ossature particulière ou pour vous
montrer le trou qu'y a fait la balle ennemie.
Cette balle est attachée au crâne par un fil
de fer, comme pièce à conviction. Sa forme
et son volume indiquent sa provenance : les
balles françaises, nous l'avons déjà dit,
étaient plus petites que les autrichiennes et
avaient deux rainures circulaires. Tel crâne
ayant une balle de ce genre est donc le
crâne d'un soldat autrichien et récipro-
quement. Bien plus, on a étiqueté ces crânes,
dans la mesure où il a été possible de les
identifier ; de même que vous lisez les noms
des drogues sur les bocaux du pharmacien,

de même, sur ces crânes alignés, vous pouvez apprendre les nom et prénoms du soldat,
son arme et son grade.

De ces héros, dont nous voyons ici les
crânes étiquetés et numérotés, il en est qui,
dans l'histoire de la guerre d'Italie, ont une
notoriété épisodique. Voici, par exemple, le
crâne du lieutenant Duboucher, du 4e régiment de chasseurs à cheval. Cet officier est
cité, à plusieurs reprises, dans les *Mémoires*
du duc de Magenta. A Turbigo, il commandait le peloton d'escorte de Mac-Mahon,
au moment où ce dernier, qui savait le péril
de la situation, courait aux divisions d'Espinasse et de La Motterouge, à travers
champs, pour les rallier vers Magenta. En
route, près de Marcallo, ils rencontrèrent, à
l'improviste, un escadron de uhlans autrichiens, que Duboucher, vaillamment, avec
ses hommes, au cri de *Vive l'Empereur!*
chargea, sabra et culbuta. Sans lui, le général était pris et la bataille du 4 juin tournait
au désastre. — A Solferino, il eut affaire aux
hussards autrichiens du colonel Edelsheim;
il entraînait ses chasseurs à leur poursuite,

quand il fut tué. Le matin même, il avait été
reconnu chevalier de la Légion d'honneur
par le maréchal Mac-Mahon. En recevant
la médaille, le brave officier témoigna une
émotion des plus vives. « Oui, monsieur le
maréchal, disait-il, je montrerai à la première bataille que je méritais bien cette dis-
tinction ! » — Il n'avait eu que peu d'heures
à attendre pour tenir parole. Si la décoration
instituée par Napoléon Ier pour récompenser
l'honneur, avait toujours été appliquée à de
tels hommes et en de telles circonstances, on
serait heureux de proclamer unanimement
qu'elle n'a jamais menti au nom qu'elle porte.

Dans l'inventaire lugubre que nous passons ensemble, le gardien de l'ossuaire me
montre même des crânes de femmes, qui
avaient été tuées sur le champ de bataille,
en soignant les blessés. C'étaient de ces
nobles Filles de la Charité, qui avaient suivi
notre armée d'Italie, de ces bonnes sœurs
aimées du soldat, qui les comprend mieux,
lui, que les politiciens, et que l'on est sûr de
trouver dans toutes les occasions où il y a
place pour l'immolation gratuite de soi-même.

Nous passons dans les chapelles de l'abside. Là, plus de crânes, mais des ossements disposés sur des tablettes, par catégories. Voici, par exemple, un amoncellement de fémurs et de tibias régulièrement superposés et alignés (comme les crânes) avec tant d'ordre qu'on dirait, au premier abord, — je demande encore pardon de la comparaison, — les rouleaux d'un marchand de papiers peints. Mais l'illusion ne dure pas; on est vite ramené à la réalité par la vue de deux squelettes, entiers et debout, au milieu de la pièce.

On descend ensuite dans une sorte de crypte, par un escalier double, derrière l'autel. Partout, dans cette crypte, ce sont des ossements... pêle-mêle et à découvert. Un puits à sec, qui se trouvait là, en est rempli jusqu'à la margelle. L'ossuaire, je l'ai déjà dit, a donné asile aux dépouilles de 6 879 soldats.

Nous pénétrons dans un cabinet spécial, sur le seuil duquel sont inscrits ces mots : *Gabinetto delle anomalie*. C'est un enclos où figurent des spécimens variés de difformités physiques, un cabinet d'anomalies, suivant le nom qui lui a été donné. Sur des tablettes en marbre blanc sont rangés soigneusement une cinquantaine de crânes et d'autres ossements notables par leur singularité ; ils furent remarqués, choisis et mis à part, au moment où l'on garnissait l'ossuaire. Vous observez là toutes sortes de particularités anatomiques et de formations défectueuses : excroissances à la colonne vertébrale, protubérances osseuses, structures bizarres de la boîte cranienne..., etc. Il y a des têtes de turcos, reconnaissables à leur forme allongée ou à la proéminence des maxillaires. C'est curieux, mais, à la vérité, peu émouvant. On se croirait devant les pièces démonstratives d'une salle d'études anthropologiques ; j'ai vu pareille chose, à Paris, au Muséum d'histoire naturelle et au Musée Orfila.

Au milieu de ce cabinet d'anomalies, se dresse, dans toute sa hauteur, un squelette géant, qui mesure 1^m,96, le tambour-major dont on m'avait parlé à Magenta. Je crus d'abord le reconnaître : je pensai que c'était

celui-là qui, défilant le premier, à Milan, en
tête d'un régiment de la Garde, sous l'arc
du Simplon, après Magenta, fit tournoyer
sa canne à pomme d'or, raconte-t-on, presque jusqu'à la voûte, avec cette maëstria
qui distinguait alors tous les tambours-
majors, et la ressaisit dextrement, aux ap-
plaudissements de la foule des Milanais
enthousiastes. Mais non, ce n'était pas lui.
C'était un Autrichien, car le gardien me
montre, attachée au bassin du squelette, une
balle à deux rainures, une balle française. Il
figure, dans la salle, entre deux autres sujets
de moindre importance, je veux dire de
moindre taille, qui lui font escorte et dont
les squelettes, eux aussi, apparaissent com-
plets et très bien conservés.

Nous remontons vers la chapelle. Au pied
de l'escalier, le gardien me fait remarquer
une niche dont le devant est fermé par un
filet métallique. Elle renferme les ossements
épars de deux officiers supérieurs dont les
noms sont inscrits sur une pancarte: Émile
Ducoin, lieutenant-colonel du 37ᵉ de ligne,
officier de la Légion d'honneur, et Adolphe

Menessier, chef de bataillon au 72ᵉ, blessé à la tête ; on voit, au crâne, le trou de la balle. Il était, si je ne me trompe, le petit-fils de Charles Nodier et le fils de cette délicieuse Marie Nodier, qui fut la grâce des soirées de l'Arsenal, où fréquentaient les coryphées du romantisme, Alexandre Dumas, Victor Hugo, Lamartine, Musset...

D'officiers français tués à Solferino, il y en eut, en tout, 158. Le général Charles Auger, qui commandait l'artillerie du 2ᵉ corps, y fut blessé mortellement et succombait, deux jours après, à Castiglione, où il repose. Il s'était signalé à Turbigo et à Magenta ; on a vu plus haut qu'il avait contribué, pour une large part, au succès de la journée du 4 juin. A Solferino, il avait été promu général de division sur le champ de bataille. Il n'était âgé que de cinquante ans. Les officiers d'artillerie de l'armée d'Italie lui ont fait ériger un monument commémoratif, que l'on voit en dehors de l'ossuaire, à droite de l'entrée ; c'est une pyramide portant une urne de granit et ombragée par la verdure triste des conifères.

A Solferino, on s'est battu entre Français et Autrichiens; à San Martino, on s'est battu entre Piémontais et Autrichiens. Un ossuaire a été établi à San Martino, dans le genre de celui de Solferino. A 300 pas environ de la tour dont j'ai déjà parlé, sur une éminence plantée de cyprès, qui fut un des points les plus contestés pendant la bataille, s'élevait une chapelle seigneuriale appartenant à la famille des comtes Tracagni, de Brescia, et qui avait servi d'ambulance aux blessés. Elle fut acquise et restaurée par les soins de la *Société de Solferino et de San Martino,* en vue de recevoir les dépouilles des soldats piémontais et autrichiens tombés, le 24 juin 1859, à San Martino, à Pozzolengo, à Madonna della Scoperta. Les squelettes que l'on y a réunis, jusqu'à ce jour, s'élèvent à 2 619.

La disposition intérieure de cet édifice, très visité, en tous temps, par les patriotes italiens, est à peu près la même que celle de l'ossuaire de Solferino. La nef a été réservée pour les couronnes et palmes funéraires, qui sont en très grand nombre. Je remarque

spécialement celle déposée par le roi Humbert, le 26 août 1890, et une belle guirlande
de fleurs offerte par l'armée austro-hon-
groise. L'abside est tapissée, du haut en bas,
par des rangées de crânes, chacun avec son
étiquette : soldat *piémontais*, capitaine de
bersaglieri, lieutenant au 1er ou au 5e d'infanterie, sergent au 18e, sergent-major autrichien, officier autrichien,... chacun aussi
avec sa balle ou son éclat d'obus appendu
au crâne. En tout, il y en a 1 274. Les
autres ossements sont rangés dans la crypte,
d'ailleurs en fort bon ordre.

Autour de la chapelle affectée ainsi à
usage d'ossuaire, on remarque encore beaucoup de petits mausolées particuliers ou des
plaques de bronze commémoratives, dédiés
par les familles, par des groupes militaires,
par des sociétés, à certains officiers ou à
certains corps de troupe de l'armée piémontaise. Le plus important de ces cippes
funéraires est destiné à perpétuer le souvenir de la brigade d'Aoste, qui eut beaucoup à souffrir dans la bataille de San Martino, où elle accomplit, il faut le dire à sa

louange, des prodiges de valeur, spécialement dans l'attaque de la position où s'é-
lève le monument même que nous visi-
tons. Cet ensemble de cénotaphes très bien
entretenus, se détachant au milieu des
cyprès, donne à la colline l'aspect d'un
cimetière plus impressionnant que l'ossuaire
lui-même.

C'est qu'en effet, dans cet ossuaire de San
Martino, comme dans celui de Solferino, la
curiosité est l'unique sentiment qui se trouve
pleinement satisfait. D'émotion, à parler net,
on en éprouve assez peu. Ne fut-ce pas, en
vérité, une idée bizarre de faire servir des
crânes et des ossements à une fin décorative ? Tout cet étalage est si propre, si blanc,
si bien arrangé, présenté sous un jour si
favorable, disposé sous un étiquetage si mé-
thodique, que, pour que cela vous saisisse
d'angoisse, il faut réfléchir un peu. Au premier aspect, on dirait des bibelots d'étagère,
de genre macabre, il est vrai, mais tout
de même des bibelots, travaillés dans l'ivoire
et destinés à l'achat des amateurs. On a
envie de se tourner vers le gardien et de

dire : « Combien ? » On se demande comment quelqu'un, le sénateur Torelli ou un autre, a pu concevoir la pensée d'arracher au sommeil de la tombe la dépouille de tous ces combattants, et dans quel dessein ; a-t-on voulu seulement montrer au touriste qui passe ce qui reste, après quelques décades d'années, d'un homme tombé sur un champ de bataille ?

Et combien votre attente est troublée ! Vous vous acheminiez vers les deux ossuaires, avec cette prévision que le tableau que vous auriez sous les yeux vous plongerait dans un cauchemar effrayant, que vous alliez assister, dans l'ombre, à quelque revue nocturne à la Raffet. Or vous tombez, dans une chapelle inondée de lumière crue, sur une exposition d'ossements nettoyés et blanchis par des moyens chimiques (je n'exagère en rien) et, de plus, classés et alignés. Les mains du barnum ont ingénieusement ordonné, comme pour une parade attrayante, ces héros qui ont succombé dans le tumulte formidable de la bataille. Tous ces crânes, l'un près de l'autre, sur les tablettes superposées, semblent refaire l'exercice pour la distraction des curieux. Pas un ne dépasse : A droite, alignement !

Par leur mort cependant, ils avaient bien mérité qu'on les laissât dormir en paix ; et ceux qui se plaisent à honorer leur mémoire eussent préféré à cette mise en scène lugubre, à ce magasin d'échantillons anatomiques, à ce charnier trop symétrique et trop rectiligne une croix au bord du chemin, une simple croix au pied de laquelle le voyageur, en passant, eût attardé son pieux souvenir. J'ai été beaucoup plus attendri, pour mon compte, en m'approchant, dans un autre voyage, de la tombe collective de nos cuirassiers de Reichshoffen et en y lisant seulement cette belle inscription sur une modeste pierre : *Melius est nos mori in bello quam videre mala gentis nostræ.*

Mais cette idée, disons-le, n'est pas très en faveur ; car les Italiens ont édifié encore des ossuaires du même genre à Novare, à Palestro, à Montebello et à Melegnano, ainsi qu'à Custozza, où, deux fois, en 1848 et en 1866, ils furent défaits par les Autrichiens.

Nous-mêmes en avons également construit
à Bazeilles et à Mars-la-Tour.

Les monuments funéraires que je viens
de décrire ne sont pas les seuls de la région
à nous parler des victimes de Solferino et de
San Martino. Au lendemain de la bataille du
24 juin 1859, un grand nombre de blessés
avaient été évacués sur la ville voisine de
Brescia et répartis dans les hôpitaux ou chez
les particuliers. 1378 d'entre eux y mouru-
rent, dont 879 Français et 499 Piémontais.
Ils furent inhumés dans le cimetière de la
ville. Les simples soldats ont été ensevelis
dans les fosses communes et leurs cendres
sont dispersées depuis longtemps. Les officiers, au nombre de 34, furent déposés dans
un monument que l'on voit encore. J'y ai fait
un pieux pèlerinage dont incidemment je
puis dire quelques mots.

Le *Campo santo* de Brescia, qui passe
pour un des plus beaux de l'Italie, est un
peu en dehors de la ville, à proximité de la
porte de Milan. Une longue allée de cyprès
lui sert d'avenue. Au centre, s'élève une

sorte de rotonde que surmonte une colonne,
assez semblable à un phare, du haut de
laquelle on jouit d'un coup d'œil incomparable. Des galeries circulaires en marbre,
de longues colonnades, qui se peuplent de
statues et d'inscriptions, ornent ce champ
du repos encadré superbement d'un cercle
de montagnes bleuâtres derrière lequel se
dérobe le Tyrol.

Dans les grands cimetières italiens, les
dépouilles, pour la plupart, ne sont pas con-
liées à la terre. Elles sont logées dans les
murailles divisées d'avance en une série de
cases plus ou moins larges, que l'on ferme,
après l'ensevelissement, au moyen de plaques
de pierre dûment scellées. C'est la disposition du *columbarium* antique. Les familles
qui peuvent en faire les frais achètent ces
cases, ces *quadri*, comme, en France, on
achète une concession. Les gens célèbres,
les puissants, ou les riches tout simplement, s'offrent le luxe d'un mausolée plus
ou moins grandiose, adossé à la muraille
ou placé dans l'axe des galeries, avec des
œuvres de sculpture ornementale (qui, di-

sons-le, sont bien rarement des chefs-d'œuvre), où se reflètent la condition sociale du
défunt et la douleur parfois vaniteuse des
survivants. C'est ainsi que, dans le *Campo
santo* de Brescia, comme dans ceux de Gênes, de Milan, de Bologne,... vous pouvez
voir palpiter dans le marbre, en des atti-
tudes reproduisant les aspects de la vie
familière, des guerriers appuyés sur leur
sabre, des savants adossés à leur fauteuil,
des poètes inspirés tenant à la main leurs
tablettes, des prélats en train de bénir, des
orateurs au geste fougueux, des veuves in-
consolées, des mères pleurant leur enfant
qu'emporte vers le ciel un ange aux ailes
éployées.

Les officiers français et piémontais morts
des suites de leurs blessures, à Brescia, ont
un monument de ce genre et même un des
plus importants du cimetière. Ils reposent
ensemble sous une arcade qui porte le nom
d'*Arcata prodi* (arcade des braves), côte à
côte avec les victimes des journées de mars
1849, pendant lesquelles les Brescians in-
surgés ont défendu intrépidement leur ville

contre les Autrichiens. Devant la porte de ce
sanctuaire garni de trophées d'armes sculptés dans la pierre, une figure symbolique,
une sorte de déesse qui représente, j'imagine,
la ville de Brescia libérée, semble en garder
l'entrée ; elle est coiffée de la couronne mu-
rale et tient à la main une épée dont la
pointe est baissée, en signe de paix ; à ses
pieds, un lion de marbre est accroupi.

Quant aux noms de ces officiers qu'abrite
ainsi l'*Arcata prodi*, on les trouve gravés
sur des panneaux de bronze que la munici-
palité de Brescia a fait poser, au seuil du
cimetière, dans le principal vestibule. Je les
ai lus avec émotion. En tête de la funèbre
liste, figure Henri de Vaubert de Genlis, colonel au 8e régiment de ligne et aide de
camp de l'Empereur. Puis le colonel d'état-
major Alfred-Michel Junot, duc d'Abrantès ;
celui-ci naquit et mourut dans la guerre, car
il avait vu le jour à Ciudad-Rodrigo, en 1810,
au moment où son père, le plus intime et le
plus fidèle compagnon d'armes du grand
Napoléon, commandait, en Portugal, un
corps de l'armée de Masséna opérant contre

les Anglais de Wellington. A la suite, viennent des capitaines et des lieutenants aux
noms bien français : Benoist, Thomas, Bour-
lier, Olivier, Paulet, Roland, Prudhomme,
Collignon, Vasseur, Aubert, et, près d'eux,
des noms d'officiers piémontais ; les uns et
les autres (ainsi qu'énonce la formule citée
tantôt) confondus dans le repos après la
mort, comme ils l'avaient été dans la lutte
contre l'ennemi commun.

IV

La tour colossale de San Martino. Une bannière de 96 mètres
carrés. — La statue de Victor-Emmanuel II, par Ant. dal
Zotto. Guillaume Iᵉʳ d'Allemagne et Victor-Emmanuel; ce qu'ils
doivent à eux-mêmes et ce qu'ils doivent aux autres. Les paladins du *Risorgimento*. La légende et l'histoire. Le *Re galantuomo* et Rosina Mirafiori. Le mariage de *Plonplon*. — Les
fresques de la rotonde de San Martino. Palestro et le *caporal
Victor*. L'entrée des souverains alliés à Milan. — Une statue
de Napoléon III en détresse. Les dix-huit années de règne
de Napoléon. Avons-nous travaillé pour les Italiens ? La mission
de la France dans le monde. Ne renions pas.

Il nous faut revenir à San Martino, pour
continuer notre promenade sur le champ de
bataille.

En sortant de l'ossuaire, nous sommes
attirés vers un monument blanc, qui est
célèbre dans toute l'Italie. C'est cette tour
dont j'ai parlé au début, tour colossale,
édifiée par souscription publique, sur l'initiative de la *Société de Solferino et de San
Martino,* pour honorer et perpétuer la mémoire de Victor-Emmanuel II, premier roi
de l'Italie unifiée, mort le 9 janvier 1878.
Commencée en 1880, elle fut inaugurée

solennellement le 15 octobre 1893, en présence du roi Humbert, de la reine Marguerite, d'une foule de personnages officiels et de 30 000 assistants venus de toutes les provinces d'Italie.

Cette tour massive, qui n'a pas moins de 80 mètres de haut, domine toute la contrée et oriente les regards vers le point précis où se sont fixées les destinées de l'Italie moderne. Elle est visible de très loin ; on l'aperçoit distinctement, ainsi d'ailleurs que celle de Solferino, presque du fond du lac de Garde, qui a 60 kilomètres de longueur.

On atteint le sommet par une rampe facile, d'un développement annulaire de près de 500 mètres. De la plate-forme, sur laquelle, à certains jours, on fait flotter un drapeau italien qui mesure 96 mètres carrés (on sait que les Italiens sont atteints, en tout, d'une mégalomanie incurable [1]), la vue

---

1. A Rome, à l'une des extrémités du Corso, devant le Capitole, ils sont en train d'élever à la mémoire de Victor-Emmanuel II un monument gigantesque, qui aura 64 mètres de haut et dont la dépense prévue atteindra 24 millions.

est fort belle sur le lac de Garde, sur les montagnes et sur toute la partie septentrionale du champ de bataille. Des lignes repérées indiquent les endroits restés mémorables dans l'histoire de la campagne de 1859 : Peschiera, Mantoue, Castiglione, Montechiaro, Pozzolengo, Rivoltella, Cavriana, Lonato. Mais ce qui attire l'œil surtout, c'est la *Spia d'Italia*, la *Rocca* de Solferino, qui se détache bien en hauteur au midi, avec l'ossuaire, à sa gauche, sur la colline de San Pietro.

La tour de San Martino est envisagée par nos voisins comme le temple de leur gloire militaire : toute la partie décorative y contribue. L'intérieur est coupé par étages, au nombre de huit, à chacun desquels une grande fresque, peinte à l'encaustique, suivant les procédés anciens, et aux frais de divers personnages de marque (généraux, ministres, etc.), retrace un épisode célèbre des sept campagnes de l'indépendance italienne, de 1848 à 1870. Le visiteur qui fait l'ascension de la tour défile devant ces tableaux de combats, où naturellement la

casaque rouge des garibaldiens et les
plumes des *bersaglieri* ont le premier rôle.
Le rez-de-chaussée, aménagé en un élégant
salon, renferme une grande statue de Victor-
Emmanuel II, et, autour d'elle, sur les parois
circulaires, des fresques du peintre Vittorio
Bressanin, de Venise, représentent quelques-uns des événements les plus marquants
de son règne : le colloque du roi avec
Radetzky, à Novare ; le roi à Palestro ;
l'entrée triomphale à Milan, après Magenta, etc.

Arrètons-nous quelques instants, dans ce
salon, devant la divinité qu'il abrite. La
statue de bronze de Victor-Emmanuel II,
œuvre du sculpteur vénitien Antonio dal
Zotto, nous montre le roi *victorieux*. Mais
son épée, remarquons-le, n'est pas rengai-
née ; car sa tâche, en 1859, est loin d'être
remplie. Après la journée de San Martino,
il lui reste à conquérir la Vénétie et, après
elle, toute l'Italie et, enfin, Rome et le
Capitole. Il y faudra encore plusieurs années. Aussi, de la main gauche, Victor-Emmanuel agite-t-il convulsivement le fourreau

de son arme, impatient qu'il est d'achever
l'œuvre si heureusement ébauchée.

Ici, il n'est pas superflu, puisque nous
sommes en face du roi de Sardaigne et que
nous parlons de son œuvre, qui fut considérable, d'examiner brièvement la physionomie
politique et morale de notre allié de 1859.
Les Italiens en ont fait une idole ; pour eux,
il fut le premier soldat de la Péninsule, il est
le père de la patrie. Autour de lui, s'est
formée une légende à laquelle nul d'entre
nous n'est tenu de sacrifier.

Les plus grandes choses ne sont pas
toujours faites par les plus grands hommes.
Un écrivain allemand, peu révérencieux, a
observé, un jour, que Guillaume Ier de
Prusse, s'il n'était point né de la famille des
Hohenzollern, ce qui lui valut d'être roi,
puis empereur, eût fait un excellent sergent-
major, mais guère plus. Je ne sais si on en
pourrait dire même autant de Victor-Emmanuel II. Mais ce que l'on peut dire de
l'un et de l'autre avec certitude, c'est qu'ils
furent exceptionnellement aidés par les circonstances et par leur entourage. Ils sont

venus à leur heure, comme viennent les
prédestinés; ils n'ont eu qu'à cueillir la
moisson préparée par d'autres. L'unité allemande ne se serait point faite sans Bismarck,
de Molkte et de Roon. De même l'unité
italienne, dont Victor-Emmanuel sera, devant
l'Histoire, le principal champion et où il eut,
à coup sûr, une grande part personnelle, ne
se fût point faite non plus si elle n'eût été
amenée de loin et patiemment élaborée par
la phalange héroïque et militante des princes
patriotes, des philosophes, des poètes, des
professeurs, des soldats, des hommes d'État
et des conspirateurs dont l'Italie moderne
s'enorgueillit à juste titre, par Alfieri, Gio-
berti, Rosmini, Charles-Albert, Silvio Pellico,
Massimo d'Azeglio, Mazzini, Rossi, Ricasoli,
Menabrea, La Marmora, Cialdini,..... et,
au premier rang, par l'astucieux diplomate
Cavour et, hors rang, si je puis dire, par
celui qui a rempli de son nom sonore, de
son prestige fabuleux et de ses coups de main
hardis toute l'épopée du *Risorgimento,* celui
que l'Italie, à tort ou à raison, regarde
comme son héros national et auquel elle

élève des statues dans toutes ses villes, celui
que l'on a appelé le dernier des *condottieri*
du quinzième siècle, le chef de bandes à
chemise rouge, par Giuseppe Garibaldi !

Grâce à tous ces paladins de l'Italie ressus-
citée, grâce aussi, il faut toujours le rappeler,
à notre coopération, un roitelet de Sardaigne, ambitieux et remuant, est parvenu à
réaliser, et encore assez vite, par soubresauts
et à coups de révolutions et de plébiscites,
ce rêve de la grande Italie, cette unité que
le génie de Dante Alighieri, six siècles aupa-
ravant, n'avait fait qu'entrevoir et que la
main puissante de Napoléon Ier n'avait pu
qu'ébaucher, et d'une manière seulement
partielle autant qu'éphémère.

Mais ni les dons naturels de Victor-Emmanuel ni ses vertus privées n'étaient à la
hauteur de la mission politique dont il fut
investi par les événements. Pendant la campagne de 1859, il fit une impression déplorable sur les officiers français. Ils avaient
espéré voir un « chevalier des temps passés » ; ils ne trouvèrent qu'un homme assez
vulgaire, aux propos salés, aux gestes

ridicules et pleins de jactance, n'ayant rien
de la majesté royale (¹).

Il n'en était pas moins très populaire
auprès des siens. Jovial et rond d'allures,
brave de sa personne et d'instinct martial,
comme la plupart de ses aïeux, il plaisait à
son peuple par sa figure heurtée de soudard
bon enfant, par sa carrure solide et aussi, je
crois bien, par le haut relief de sa moustache
conquérante. Les plus petites choses influent
parfois sur la destinée des nations : rappelez-vous ce que Pascal a dit du nez de
Cléopâtre. Victor-Emmanuel avait en lui une
surabondance de vie ; il se plaisait aux exer-
cices pour lesquels il faut de la rate et du
jarret. A l'entrée de la petite ville d'Aoste, au
pied des hautes Alpes, les Piémontais lui ont
élevé une statue, avec cette devise : *Au roi
chasseur.* Il avait, en effet, la passion de la
chasse, et en tous genres. Il chassait le cha-
mois et le bouquetin dans les montagnes du
Valsavaranche. Il chassait plus volontiers encore les belles filles dans les diverses pro-

1. Voir l'Appendice X.

vinces de son royaume et, à cet égard, si
multiples et si notoires furent ses prouesses
que ses sujets, desquels il était adoré, l'ont
baptisé du nom de *Re galantuomo,* comme
nous avons appelé notre bon Henri IV le
Vert-galant. On m'a montré, un jour, dans
les rues de Gênes, un vigoureux gaillard
de sergent de ville, qui lui ressemblait ab-
solument comme un fils ressemble à son
père. Il paraît que j'aurais pu faire semblable
trouvaille dans bien d'autres lieux, car le
Re galantuomo, habitué aux conquêtes qui
n'étaient pas toujours des conquêtes de ter-
ritoires, mais qui ont fait sa renommée tout
de même autant, pour le moins, que la prise
de possession de la Lombardie et des États de
l'Église, avait semé libéralement, dit-on, dans
l'Italie renaissante, les frais rejetons de l'antique maison de Savoie. Comme dit le poète,

> Ses sujets avaient cent raisons
> De le nommer leur père.

Sur ce chapitre, il n'avait d'ailleurs pas
des goûts très délicats. Les propensions
amoureuses de ce roi avaient un fort relent

de démocratie. La femme qui tint la plus grande place dans sa vie et qui régna sur son cœur pendant plus de trente ans, sans réussir toutefois à le corriger de ses galanteries de hasard, fut la belle Rosina, une fille de tambour-major piémontais, à laquelle on n'avait même point appris à lire ni à écrire. Elle avait égayé de ses aventures la société militaire de Turin. Le Roi, qu'elle amusait par l'originalité désinvolte de ses façons, la dota avec largesse au point de ployer constamment sous les dettes, la fit comtesse Mirafiori et Fontanafredda et, sur le tard, après la mort de la reine Adelaïde, finit par l'épouser morganatiquement.

Dans ses dernières années, Rosina habitait, aux portes de Rome, une villa occupée jadis par Pauline Borghèse, sœur de Bonaparte, la *villa Paolina*. Par ce lien, Victor-Emmanuel touchait déjà un peu aux Napoléon; au reste, il s'en était rapproché davantage par le mariage de sa fille, disons d'une de ses filles, mais, celle-là, vertueuse et accomplie entre toutes et même une sainte femme, la princesse Clotilde de Savoie, avec le

prince Jérôme-Napoléon (plus connu sous
le surnom de *Plonplon*) qui, à la vérité, ne
l'a jamais comprise ni aimée. Ce mariage
de raison ou de politique avait été une des
conditions diplomatiquement stipulées de
l'intervention des troupes françaises en Italie.
C'est de la sorte que notre allié ou notre
protégé de 1859 fut le grand-père maternel
du prince Victor-Napoléon, qui se morfond
là-bas dans l'exil et auquel l'inactivité forcée
que lui ont faite les circonstances pèse,
j'imagine, d'autant plus lourdement qu'il
doit sentir bouillonner dans ses veines à la
fois le sang des Bonaparte et celui des
princes guerriers et boute-en-train de la
maison de Savoie.

Victor-Emmanuel avait donc conquis la
popularité, en son pays, par des penchants
qui n'avaient rien de particulièrement royal,
à moins que ce n'eût été la fougue même
avec laquelle il s'y abandonnait, une fougue
qui n'avait de rivale, peut-on dire, que la
furia francese déployée par nos troupiers
d'alors dans leurs charges à la baïonnette.
C'était une nature faite pour plaire à nos

zouaves. Aussi bien une fresque peinte dans
la rotonde du monument de San Martino,
auquel je reviens, nous les montre-t-elle
arrêtant, à Palestro, le cheval que le Roi
pousse dans la mêlée et l'acclamant pour le
courage et la valeur manifestés par lui pendant la bataille.

Il s'agit là d'une scène qu'on peut appeler
légendaire, bien qu'elle soit parfaitement
historique; tout le monde la connaît, au
moins en gros. Elle fut, du reste, illustrée
copieusement, sous l'Empire, par les litho-
graphies populaires. A Palestro, le 31 mai
1859, au passage de la Sesia, qui était éner-
giquement défendu par quatre brigades autrichiennes, Victor-Emmanuel, ayant affaire
à trop forte partie, avait réclamé l'appui du
corps français le plus voisin, celui de Canrobert. On lui expédia aussitôt le 3e zouaves
(colonel Chabron) qui, à la baïonnette, dans
un élan irrésistible, bouscula tout ce qui lui
faisait résistance et parvint, en bravant la
mitraille, à capturer une batterie ennemie.
Le Roi, émerveillé de tant de vaillance, avait
voulu, lui aussi, se jeter dans les rangs de

cette cohorte incomparable. Mais, comme il
accourait, sabre au clair, au plus rapide
galop de son cheval et cherchait à la de-
vancer au pont de chevalets qu'elle s'apprêtait à franchir sous les boulets autrichiens,
un zouave à la longue barbe grise — il y en
avait alors plus d'un — lui barra carrément
la route, pour l'empêcher de s'exposer davantage. « Sire, lui cria-t-il, f...-nous le
camp et laissez-nous faire ! » — « Ah ! non,
par exemple, mon brave, répondit Victor-
Emmanuel : il y a aujourd'hui de la gloire
à prendre pour tout le monde et j'en veux
ma part ! » Il y eut en effet de la gloire
pour les zouaves et pour le Roi. La crânerie
de celui-ci avait paru si superbe que, le lendemain, le régiment le nomma, par acclama-
tion, caporal à la 1re compagnie du 1er bataillon ; honneur qui n'était pas mince, si
l'on songe que ce grade modeste, mais qui
n'est pas donné à tout le monde, fut également conféré à Bonaparte par ses soldats,
après la victoire du pont de Lodi.

A la faveur du combat de Palestro, qui
fut un des plus brillants de la campagne, le

mouvement de conversion que l'armée française avait entrepris d'Alexandrie à Novare,
c'est-à-dire de l'extrême gauche à l'extrême
droite de l'armée ennemie, réussit complète-
ment et déjoua les plans du généralissime
autrichien, qui, jusqu'au dernier moment,
attendait les alliés beaucoup plus au sud,
vers Plaisance, où Napoléon, pensait-il,
devait franchir le Pô.

Rappelons ici, en passant, que, lors du
voyage du roi Victor-Emmanuel III à Paris,
en octobre 1903, le service d'honneur, auprès
de sa résidence, fut assuré, grâce à une
attention délicate, par un détachement, venu
de Constantine, du 3ᵉ zouaves (dont le drapeau avait été décoré par son grand-père, le
caporal Victor, après Palestro, de la médaille
du *Mérite militaire* de Sardaigne), et que
détachement et drapeau lui furent présentés,
à la revue de Vincennes, par le nouveau
chef du régiment, le colonel Espinasse, fils
de celui qui coopéra, ainsi qu'on a vu, au
coup d'État du 2 décembre et qui mourut
bravement, comme général, à Magenta.

Encore un souvenir sur Palestro, avant de

quitter ce sujet. Dans cette journée, si honorable pour les troupes de Victor-Emmanuel II, se trouvait engagé un tout jeune sous-lieutenant du régiment de Nice-Cavalerie, de nationalité française, entré, l'année précédente, à l'École militaire de Turin. Exilé de France et ainsi ne pouvant servir dans notre armée, il avait voulu du moins combattre auprès d'elle et pour la même cause, qui lui était chère aussi, et il avait pris du service dans l'armée piémontaise. C'était Robert-Philippe d'Orléans, duc de Chartres, qu'on retrouvait, onze ans plus tard, servant avec vaillance dans l'armée de Chanzy, toujours sous un pseudonyme, parce qu'il était toujours exilé. L'une de ses filles, la princesse Marguerite, a épousé le fils du héros de Magenta. Palestro, Magenta : ils étaient faits pour s'entendre et pour s'unir([1]).

A l'intérieur du monument de San Martino, une autre fresque qui fait pendant à celle que je viens de commenter et qui nous

---

1. Cp. Charles YRIARTE, *Les Princes d'Orléans* (Plon, 1872), p. 102.

intéresse aussi spécialement, nous montre
Victor-Emmanuel II à côté de Napoléon III,
au moment de leur entrée triomphale à
Milan, le 8 juin 1859, après la bataille de
Magenta.

Ils venaient par la route du Simplon. A
l'extrémité de cette route et à l'endroit où
elle débouche dans la ville, en face de l'ancienne place d'Armes et du château des
Sforza, se dresse un arc de triomphe, d'un
très beau style, rappelant, par sa forme,
celui qui, du haut de l'avenue des Champs-
Élysées, étale, aux yeux de Paris, ses trophées de guerre. Commencé par Napoléon Ier, en 1806, il devait, dans sa pensée,
être consacré à ses œuvres pacifiques autant
qu'à ses batailles et surtout à l'achèvement
de la célèbre route du Simplon. Nos troupes
victorieuses défilèrent sous cet arc de la paix,
devant toute la population de la ville accou-
rue à leur rencontre. Au dire de tous ceux
qui eurent le bonheur d'y assister, l'entrée
des souverains alliés à Milan, par la porte
du Simplon, fut un spectacle inouï, inoublia-
ble. Sur cet épisode, le principal historien

de la campagne d'Italie, le baron de Bazan-
court, qui, par faveur impériale, avait pu
suivre l'armée, a écrit ces lignes :

« Il faut connaître les natures italiennes,
ardentes, fiévreuses, excessives en tout, pour
se faire une idée de ces démonstrations fré-
nétiques. Les uns baisaient la crinière du cheval de l'Empereur ; les autres saisissaient ses
étriers ou ses vêtements et les portaient à
leurs lèvres. Les femmes, sortant précipitamment de leurs maisons, lui tendaient leurs
petits enfants, avec des mots de bénédiction,
pour qu'un de ses regards arrivât jusqu'à
eux... En un instant, sous les pas des soldats, les rues sont jonchées de fleurs et
des tapis parfumés couvrent de leurs couleurs étincelantes les dalles de la vieille cité
lombarde ; les souverains s'avancent avec
peine sous une avalanche de bouquets :
jeunes et vieux, tous et toutes sont confondus dans les élans d'un enthousiasme indes-
criptible. »

Une inscription, sur l'une des faces de
l'arc du Simplon, a commémoré, en termes
pompeux et fiers, cet événement si vite

oublié par l'ensemble de la nation italienne :

Entrando coll' armi gloriose,
Napoleone III e Vittorio Emanuele II liberatori
Milano esultante cancello' da questi marmi
Le impronte servili
E vi scrisse l'indipendenza d'Italia.
MDCCCLIX ([1]).

L'image de Napoléon III chevauchant à
côté de Victor-Emmanuel, dans la rotonde
de San Martino, n'est pas la seule que l'on
puisse voir en Italie. J'en ai contemplé une
autre, plus importante, bien que moins en
vue, à Milan.

Les Italiens, pris d'un mouvement tardif
de reconnaissance, avaient conçu l'idée,
après la mort de Napoléon III, de lui élever

---

1. Le souvenir de la journée du 8 juin 1859 est
également illustré par le large bas-relief que porte,
sur ses quatre faces, le monument altier que les
Milanais, en 1896, ont élevé à Victor-Emmanuel II,
en face de leur célèbre Dôme. Sur ce bas-relief, de
vivante allure, dû au ciseau du sculpteur Ximenes,
on voit nos grenadiers et nos zouaves escortant, de

une statue sur l'une des places publiques
de la capitale lombarde. Une souscription,
ouverte à ces fins, donna près d'un million.
Certes, on n'en a jamais tant fait chez nous ([1]).
Le monument fut exécuté par un sculpteur
milanais très renommé, M. de Barzaghi.
C'est une statue équestre de grandes dimensions, 5 à 6 mètres de hauteur, sans le socle.
Mais peu de personnes vont voir ce bronze,
qui devait perpétuer de glorieux souvenirs.
On ignore même son existence. En effet, ce
monument, depuis trente ans qu'il est prêt,
n'a jamais été inauguré. On l'a relégué, en
attendant, dans un vieux palais de Milan,
présentement affecté aux archives munici-
pales, l'ancien palais du Sénat, du temps de
la vice-royauté d'Eugène de Beauharnais,
dont Napoléon III, par sa mère, fut le neveu.
Le souverain déchu est là, comme en exil
et oublié, au milieu d'une froide cour à
colonnades, où l'herbe pousse entre les pa-

concert avec les *bersaglieri* piémontais, la sensa-
tionnelle entrée des deux souverains alliés dans la
ville libérée.

1. Voir l'Appendice XI.

vés. Il parade dans le silence et salue dans
le vide.

On aurait bien voulu rendre au vainqueur
de Magenta et de Solferino les hommages
de l'inauguration publique; la province de
Milan, entre toutes, se plaît à honorer la mémoire de celui qui a délivré l'Italie du joug
étranger. Mais on a toujours sursis à la cérémonie, peut-être par égard pour le gouver-
nement actuel de la France ou sur ses instances. Cependant il est question, à présent,
d'ériger cette statue à un endroit où elle
serait bien à sa place, sur le champ de bataille de Solferino; de sorte que les patriotes
des deux pays qui se rendront désormais à
l'anniversaire de cette victoire pourront au
moins saluer, comme il convient, la figure
de celui à qui on en est véritablement rede-
vable.

Cet anniversaire, on a coutume de le fêter,
chaque année, avec une certaine solennité.
Il y vient nombre de personnages officiels
et de délégations militaires. Un service
funèbre est célébré dans les chapelles des
ossuaires et il va sans dire qu'on entend

aussi force discours. A l'anniversaire qui
intervint, peu de jours après mon passage à
Solferino, en 1903, les divers orateurs officiels qui ont pris la parole se sont signalés
par cette réserve assez niaise que pas un,
et le consul de France à Milan moins encore
que les autres, ne s'est risqué à prononcer
le nom de Napoléon III; bien plus, celui
d'entre eux qui se chargea d'annoncer la
prochaine érection de la statue sur les collines de Solferino, réussit à communiquer
cet avis sans faire la moindre allusion au
souverain qui, à cet endroit même, donna à
la nation italienne son unité et à la nation
française une des plus belles journées de
ses fastes militaires. Je lisais cette informa-
tion, au lendemain de la cérémonie, dans
le *Corriere della sera;* et ce journal, qui
est l'organe le plus lu de la Lombardie,
parlait d'un silence de commande et trouvait que la chose était tout de même un peu
forte.

Il ne faudrait pas, en effet, qu'on se prît
toujours à nous faire envisager Napoléon III
comme un de ces souverains justement hon-

nis, un de ces bas despotes de bas-empire,
chargé de turpitudes et d'iniquités, un Césa-
rion infime ou infâme, sur lequel, en bonne
compagnie, il soit plus décent de se taire.
Ce serait là, en vérité, un enseignement par
trop méprisable! L'Empereur est mort depuis
un tiers de siècle. Les derniers jours de son
règne, les désastres qui les ont marqués,
les jugements malveillants qu'ils ont provo-
qués, les haines féroces qui lui ont survécu
appartiennent, hélas! à nos tristes querelles.
Tenons-nous en dehors de ces souvenirs et
de ces passions. Mais, dans ce règne, il y a
des actes qui appartiennent déjà à l'Histoire
et qui ne peuvent être récusés que par ceux
qui, dans un esprit de dénigrement pré-
conçu, seraient de taille à contester l'évi-
dence même.

Si Napoléon III a paru fléchir parfois sous
le poids trop lourd du nom qu'il portait, il
n'en demeure pas moins qu'il a régné sur
la France pendant dix-huit années, avec l'assentiment continu, jusqu'à la veille même
de sa chute, de plus de sept millions de suf-
frages (plébiscite du 8 mai 1870). Sept mil-

lions, vous lisez bien et aussi, je suppose,
vous comparez! Et pendant ces dix-huit années, qui furent, certes, assez remplies, il a
donné à la nation la sécurité, l'ordre matériel et même *moral* (celui, il est vrai, qu'on
goûte le moins à présent), et la paix reli-
gieuse, et la prospérité commerciale, et le
prestige militaire, et la prépondérance diplomatique, et aussi, — cela, disons-le en accen-
tuant, — et aussi les libertés nécessaires,
avec quelques autres, sur la fin, qui l'étaient
un peu moins.

Eh bien! ce sont là de ces avantages
qu'il serait d'autant plus injuste d'oublier
ou de méconnaître qu'on peut regretter, à
de certains moments, de n'en plus jouir tout
à fait au même degré ; ce sont là de ces
avantages, ajouterai-je, en m'adressant spécialement à ces Français timorés et à ces
Italiens ingrats dont je parlais tout à l'heure,
qui valaient bien que, pérorant sur les lieux
mêmes où il s'était acquis le plus de gloire,
vous eussiez pu proclamer, à tout le moins,
le nom de l'ex-empereur des Français, sans
avoir à redouter que cette évocation simple-

ment impartiale ne polluât vos lèvres ni votre gorge.

Napoléon III, pour en revenir à mon sujet, aura donc, un jour ou l'autre, son monument à Solferino. Il aura ainsi, hors de nos frontières, et sans aucun péril pour la liberté (ou du moins pour ce qu'on appelle encore de ce nom), la récompense de l'action la plus pure et la plus désintéressée de son règne. Une action qui n'était, dit-on, ni très prudente ni très habile, mais qui fut mieux : juste et généreuse. C'est pour ces deux qualités-là que nous ne devrions jamais la renier, parce qu'elle exprime ce qui est, ou *ce qui était* jusques hier, dans l'essence même de notre race.

On a fait longtemps au second Empire et on lui fait encore le grief d'avoir, par ses guerres, travaillé pour les autres peuples, pour les Anglais en Crimée, pour les Italiens en Lombardie. Il se peut ; aussi bien ne m'arrêterai-je pas à développer ici ce que ces deux grandes entreprises, pour ne parler que d'elles, nous valurent à nous-mêmes ; je n'insisterai pas sur le renom

éclatant qu'elles ont procuré à nos armes,
sur l'autorité qu'elles ont donnée à notre
voix dans les conseils de l'Europe, sur la
situation solide qu'elles ont assurée à l'Empire ami de l'ordre et gardien des intérêts
nationaux. Laissant tout cela de côté, je
dirai simplement : soit! En 1854, dans la
guerre de Crimée, nous avons travaillé pour
les Anglais ; mais n'était-ce pas plus fier, à
tout prendre, de travailler avec eux *et même
pour eux* que de reculer devant eux? Au
regard de l'honneur national, Balaklava vaut
bien, je crois, Fachoda. Nous avons travaillé
pour les Italiens en 1859. Mais, qu'il s'agisse
des nations ou des individus, le rôle de libé-
rateur n'est-il pas le plus beau entre tous ?

Ce fut longtemps le rôle glorieux de la
France et, en quelque sorte, sa mission as-
signée et spéciale. Par ses armes ou par
sa diplomatie, elle a aidé à l'indépendance
de la jeune Amérique, puis de la Grèce, de
l'Égypte, de la Roumanie, de la Belgique et,
en dernier lieu, de l'Italie. Elle s'est toujours
appliquée, *quand elle le pouvait,* à redresser
ceux qui pliaient sous l'oppression d'une

force injuste. Il n'est point ici-bas un seul homme réfléchi et droit qui puisse contester que cette fonction ait été traditionnellement la nôtre et que, si elle devenait à jamais vacante, par notre déclin ou autrement, l'histoire générale de l'humanité s'en trouverait quelque peu rabaissée (¹). On ne parviendra pas à effacer les souvenirs vivants de cette coopération de la nation française à l'effort des persécutés ; on n'imputera pas non plus à d'autres causes la popularité, le prestige universel qu'elle garde et gardera longtemps encore au dehors.

En effet, si, dans l'avenir et à travers les siècles, la France doit laisser derrière elle, comme je le crois fermement, une traînée de lumière, si les peuples se souviennent d'elle avec gratitude et admiration, ce n'est pas parce qu'elle aura conquis un fort lot de colonies, au climat plus ou moins meurtrier,

---

1. Depuis les massacres d'Arménie et de Macédoine, laissés impunis et se poursuivant par intermittences, au milieu de l'inattention générale, les faibles ont cruellement appris ce que les abdications de la France coûtent au monde.

qu'elle exploite d'ailleurs médiocrement et laisse envahir par des étrangers, qui, un jour ou l'autre, nous en évinceront; ce n'est pas non plus parce que ses hommes d'État et ses représentants se seront agités, trente ans et plus, dans la perpétration illusoire et inféconde de réformes sociales toujours promises et jamais réalisées, de ces réformes que la plupart des États monarchiques qui nous entourent ont dans leurs lois depuis un demi-siècle au moins ; ce n'est pas non plus parce que, à l'instigation d'une école de rêveurs ou d'une clique de farceurs, avides de s'enrichir, sans effort, aux dépens d'autrui, par le partage des biens, elle aura clamé sottement contre ceux qui en ont, et fomenté la facile croisade des besogneux, des envieux et des paresseux en faveur d'une égalité vaine qui n'est ni dans la nature, ni dans l'Histoire, ni dans la logique; ce n'est pas non plus parce que, meurtrie par la guerre, à demi broyée par la défaite, elle en sera venue, elle qui était une nation belliqueuse entre toutes, à prêcher la paix à tout venant, à tendre vers les quatre points

cardinaux un rameau d'olivier fané, en se
targuant d'un humanitarisme amolli qui
n'appartient pas au tempérament normal des
peuples de santé robuste ; ce n'est pas enfin
parce que, prise, à certains moments de son
histoire, d'accès soudains d'épilepsie anti-
cléricale, elle aura traqué le froc et la calotte
avec sauvagerie, en servant par là l'ambi-
tieuse perversité de quelques-uns, mais surtout, comme il arrive d'ordinaire en pareil
cas, en escomptant d'avance la couardise
imbécile du plus grand nombre. Non, ce
n'est pas pour tout cela, ce n'est pas pour
ces petites choses que le nom de notre nation
sera grand.

Si la France, je le répète, laisse derrière
elle un sillon lumineux, c'est parce qu'elle
aura été, de tous temps, mais principalement
au dix-neuvième siècle, un organe, un instrument, un facteur efficace de liberté ; c'est
parce qu'on aura vu flotter son drapeau, —
que quelques « sans-patrie » voudraient voir
planter sur le fumier des casernes (comme
écrivait cet universitaire égaré qui a si tris-
tement réussi à faire école), — parce qu'on

aura vu flotter son drapeau partout, de Lis-
bonne à Moscou et de Danzig à Naples,
sur le campanile des cathédrales et sur le
beffroi des hôtels de ville, et que partout il
est apparu, lui aussi, à l'égal, si j'ose dire,
de cette étoile mystique qui, d'après la légende, guida un jour les rois mages, comme
un symbole de délivrance, comme un signe
de la rédemption des peuples et de l'évolu-
tion heureuse de leurs destinées.

Eh bien, cette politique si grande et si
généreuse, qui s'est manifestée par la constitution, grâce à nous, de plusieurs nations
indépendantes, elle s'est affirmée, d'une manière plus solennelle, plus resplendissante
et plus pleine, sur les champs de bataille
d'Italie, copieusement arrosés de notre sang,
à Palestro, à Magenta, à Solferino. N'oublions
donc pas et surtout ne renions pas cette
campagne de Lombardie, encore que ses
effets, à certains égards et par répercussion,
aient pu être funestes à la France. Ne
renions pas ce que nos aînés ont accompli
pour l'Italie opprimée, il y a quarante-huit
ans; les Français qui ont fait ce passé et

qui l'ont vécu avaient quelque raison d'être plus fiers et plus joyeux que nous ne pouvons l'être à présent. Un peuple ne doit jamais regretter d'avoir donné à un autre peuple la liberté, même quand il ne se sent plus assez fort pour la pratiquer intégralement chez lui.

APPENDICES

On a reporté ici quelques notes trop longues pour être placées au bas des pages.

I

(Page 14, ligne 13)

Pour apprécier le régime de terreur barbare que les Autrichiens, les *Tedeschi,* comme on les nommait, ont infligé trop longtemps aux malheureuses populations du *Royaume lombard-vénitien,* il ne suffit pas d'avoir lu le livre célèbre de Silvio Pellico, *Le mie prigioni.* Il faut encore avoir vu, de ses yeux, les lieux de détention des condamnés politiques, les casemates de cette forteresse de Brünn, en Moravie, que l'on appelle, par une amère ironie, la Colline du jeu, *Spielberg.* Il faut avoir visité, un à un, comme je l'ai fait il y a peu d'années, ces noirs cachots, ces fosses humides, disposés en longue enfilade, où — sous des traitements physiques et des tortures morales si horribles à supporter que, après dix, quinze, vingt années de claustration solitaire, de *carcere duro,* ils en sortaient à jamais atteints de paralysie ou de cécité ou de démence — des nationalistes italiens, des patriotes qui souvent étaient aussi des patriciens, le marquis Pallavicino-

Trivulzio, le comte Confalonieri, et Maroncelli et
Pellico lui-même et tant d'autres ont langui et gémi,
pour expier leurs aspirations si naturelles, si légi-
times et si généreuses vers l'affranchissement de
leur pays.

II

(Page 15, ligne 23)

Bien qu'il partit en guerre *pour une idée*, Napoléon III, dans ses accords avec la diplomatie piémontaise, n'avait toutefois pas oublié, pour son
pays ni pour sa dynastie, les profits matériels et
palpables que pouvait donner l'aventure. En prévision du succès, la coopération de la France devait
être récompensée par la cession de la Savoie et du
comté de Nice. De plus, une autre condition de l'intervention de nos armes en Italie avait été le mariage du prince Jérôme-Napoléon avec la princesse
Clotilde de Savoie, fille aînée de notre allié Victor-
Emmanuel II, mariage qui soudait la famille du
parvenu couronné à la plus vieille maison régnante
de l'Europe.

III

(Page 39, ligne 9)

Nous n'avons point parlé jusqu'ici de nos alliés ;
c'est que leur coopération à la bataille de Magenta
fut entièrement nulle. Le bourg, en effet, était déjà
pris et occupé et les troupes du général Clam-Gallas
étaient en pleine retraite quand une des divisions

piémontaises, celle du général Manfredo Fanti, se présenta, à deux portées de fusil de Magenta, pour prêter son appui à l'armée française. Elle venait trop tard, bien que l'Empereur l'eût appelée en toute hâte. Dans la lenteur de ce mouvement, on a prétendu voir un effet du mauvais vouloir de Victor-Emmanuel, froissé d'avoir eu à marcher derrière le 2e corps. La division piémontaise, qui n'avait pu prendre part à la bataille, tira néanmoins quelques coups de canon sur les fuyards, pour affirmer sa présence, et c'est à quoi se borna son action.

Cela n'empêche que la forfanterie italienne ne se targue parfois d'avoir contribué puissamment à fixer le sort de la journée du 4 juin. Dans les brochures sur la bataille que j'achetai à Magenta, je lus, avec une certaine surprise, que la défaite ne fut épargnée à l'armée française que par l'intervention opportune des *bersaglieri* du général Fanti. Tout au plus peut-on dire que leur présence servit à affermir la partie gagnée par les Français, en donnant à ceux-ci les moyens de résister fortement, au besoin, à un retour offensif des Autrichiens.

IV

(Page 62, ligne 1)

Le 11 février 1904, le général Passerieu, commandant du 10e corps d'armée, envoyait 1 800 hommes d'infanterie et d'artillerie pour appuyer les procédures d'un liquidateur conspué qui avait à *opérer* contre un modeste institut religieux, dans la petite ville de Ploërmel.

*

Pendant l'année 1903, on peut dire que la force armée de notre pays, spécialement sur tout le territoire de Bretagne, a été occupée, en majeure partie, et contre le vœu manifeste de la population, à molester des gens qui ne demandaient qu'à vivre en paix, — et cela en déférant à des injonctions de politiciens ou à des réquisitions de commissaires dont parfois les noms mêmes, par une rencontre étrange et sans qu'il y eût de leur faute, ruisselaient de démagogie impure. Pour disperser de petites écoles populaires, librement ouvertes et librement défrayées, tenues par d'humbles maîtres ayant la confiance des familles, la « grande muette » (qui ne l'est vraiment qu'en face des haros et des projectiles des tisserands, mineurs et métallurgistes en grève) a montré autant d'allure, ayant affaire à des enfants et à des femmes, que s'il s'était agi d'écraser une nouvelle chouannerie ou d'empêcher un second débarquement des Anglais à Quiberon. A peine s'est-il rencontré une douzaine d'officiers, plus mâles que les autres, pour se récuser devant des consignes dégradantes, pour s'écarter avec un haut-le-cœur de ces œuvres de basse police auxquelles il n'est point sûr que se fussent prêtés, de leur plein gré, même des mendiants.

V

(Page 62, ligne 9)

Il s'entend que je veux parler des expéditions coloniales. Mais tout le monde sait que, lors de ces expéditions, ce n'est pas l'armée *métropolitaine*, dans sa constitution organique et avec ses réserves, qui a marché ; ce sont les troupes d'Afrique (tirailleurs algériens et sénégalais, spahis, zouaves, légionnaires étrangers,... les seuls éléments survivants de l'*ancienne armée* et les meilleurs), grossies d'un certain contingent de volontaires français, d'ailleurs péniblement rassemblés.

Et encore, dans ces campagnes peu aventureuses, la mise en œuvre n'a-t-elle pas été des plus brillantes. Si l'on veut un modèle du genre, il ne faut point, en particulier, citer celle de Madagascar, préparée, en 1895, par M. Félix Faure, alors ministre de la marine. Rappelez-vous l'histoire des vaisseaux *anglais* nolisés, à grands frais, pour nos transports ; et aussi celle de ces légendaires voitures Lefèvre qui, arrivées à destination où elles devaient servir à tant de choses, ne trouvaient même pas de routes sur lesquelles on pût les faire rouler.

J'ajouterai que les troupes africaines susmentionnées, qui sûrement eussent été dignes de se mesurer à d'autres adversaires, n'ont guère rencontré, dans leurs conquêtes (hormis les superbes nègres du Dahomey), que des populations de races abâtardies et vieillottes, les Annamites, Cambodgiens et Chinois de la péninsule indo-chinoise, les Hovas, Betsileos et Sakalaves de Madagascar, sans oublier ces fameux Khroumirs de Tunisie, dont la valeur guerrière n'est guère apparue que dans l'imagination de M. Jules Ferry. Ces sortes d'ennemis n'ont aucun rapport avec ceux qui se montreraient sur les champs de bataille du continent, surtout du côté de l'Est.

Il reste donc que, jusqu'à ce jour — et on peut

le dire sans y mettre d'exagération ni de paradoxe
— l'armée nouvelle n'a eu vraiment à intervenir,
comme telle, que dans nos luttes intérieures (grèves,
dispersions de couvents, inventaires d'églises, sacca-
gements de séminaires), et d'une façon plus préto-
rienne que militaire. On jugera que ce n'est point
suffisant pour permettre d'apprécier exactement ce
qu'elle vaut et ce qu'elle est susceptible de donner.

Du moins peut-on espérer que le haut commandement actuel serait au niveau de sa mission? A cela
répond le général Pédoya, par un article inséré dans
le *Matin* (1er décembre 1905). Cet article sensationnel,
qui a fait le tour de la presse, portait un titre qui en
dit long : *L'armée française n'est pas commandée.*

Le plus réputé parmi nos arbitres militaires, le
général Bonnal, n'est guère plus rassurant : « Les
manœuvres d'armée, écrit-il, inaugurées en 1900
et renouvelées depuis chaque année, ont été *unanimement* jugées faibles sous le rapport de la direction exercée par le haut commandement. La
constatation est grave en ce sens que, si la guerre
éclatait, la confiance des troupes pourrait en être
ébranlée. » (Le *Temps,* 27 mai 1906).

Ceux qui laissent échapper de tels aveux, après
trente-cinq ans d'études, d'expériences, de réformes
laborieuses et ruineuses, restées pour la plupart
inopérantes, sont-ils alors bienvenus à décrier, de
parti pris, les généraux du second Empire, qui, au
début même du régime, assuraient à la France la
gloire des armes, en Crimée, en Italie, en Chine, en
Algérie, et cela simplement, galamment, sans se
faire valoir aux dépens de leurs aînés?

VI

(Page 66, ligne 18)

L'amour de la paix est devenu, chez nous, une monomanie à la fois ridicule et dangereuse, qui aboutit à énerver, jusque dans les milieux où il siérait le plus de le développer, le sentiment de la vigueur morale et des énergies viriles.

On vient, par exemple, de remanier le programme d'admission à l'École de Saint-Cyr. En bonne logique, que devrait-on apprendre à de futurs officiers, si ce n'est le métier de la guerre? Au contraire, on vise, par tous les moyens, à n'en plus faire que de placides fonctionnaires, dont ils avaient déjà pris le tour et les façons, par une longue accoutumance de l'état de paix. Jusqu'à ce jour, dans les prytanées militaires, on assignait une haute importance à l'histoire des campagnes de la Révolution et du premier Empire ; c'était la guerre en action, enseignée par les victoires et même par les défaites de nos grands capitaines modernes, dont le plus illustre, Napoléon, passe, en tous lieux et de l'aveu de tous, pour le maître sans rival dans l'art des combats. D'inconscients novateurs ont cru fort à propos d'éliminer du cycle d'études de nos élèves officiers cette période, instructive entre toutes, que les Allemands continueront d'apprendre diligemment, en notre lieu et place, et sans doute aussi les Japonais.

En revanche, à l'entrée de Saint-Cyr, on exige désormais une plus forte dose de physique, de chimie,

de philosophie, de sociologie, voire d'anatomie et de
physiologie animales, s'ajoutant à toutes les matières
savantes qui grevaient déjà un programme surchargé.
Nos futurs hommes d'épée n'auront cure désormais
de l'histoire militaire en général, ni même de celle
de leur pays ; ils pourront ignorer notamment les
vingt années de guerre de la Révolution et de l'Empire ; ils auront le droit de ne pas savoir comment
les batailles de Valmy, de Jemmapes, d'Austerlitz,
d'Iéna, de Wagram ont été gagnées, comment celles
de Leipzig et de Waterloo ont été perdues ! Mais ils
seront aptes à disserter sur les questions politiques
et sociales du moment. Jusqu'à ce que l'école soit
dissoute, ce qui, de ce train, ne saurait tarder, ils
seront dûment instruits dans les doctrines révolu-
tionnaires et façonnés aux œuvres de la paix. On
leur inculquera que les hommes sont frères, mais
que le capital et le travail sont en lutte constante ;
par là ils sauront quelle contenance débonnaire il
faut avoir en temps de grèves, quand l'insurgé les
lapide à coups de briques, crache sur leur uniforme
et leur chante aux oreilles certain couplet de l'*Inter-
nationale,* spécialement composé à leur adresse.

Il n'y a qu'une lacune regrettable dans les récents
programmes. On y a oublié quelques leçons, qui
eussent été bien opportunes, sur la délation, sur la
manière de susciter d'adroits espions dans la famille
militaire, de discerner, à des signes extérieurs, l'officier qui n'est pas du « bloc », de démasquer les
tartufferies prudentes et de libeller, en conséquence,
les fiches secrètes. Dans l'armée nouvelle, telle qu'on
prétend la modeler, il n'est plus fait état — tout le

monde le sait — des capacités techniques ni de la valeur morale, mais seulement de la servilité qui rend propre aux louches besognes qu'on prétend demander aujourd'hui à des officiers.

VII

(Page 68, ligne 18)

Victor-Emmanuel était entré à Brescia le 17 juin et Garibaldi le 13. Ce dernier venait de Côme et de Bergame, d'où, avec ses *Cacciatori delle Alpi,* il avait réussi à chasser les Autrichiens.

A Brescia, sur les murs de la *Porta Milano,* devant laquelle se dresse, depuis 1889, une statue équestre de Garibaldi, deux inscriptions, rédigées dans les termes dithyrambiques dont les Italiens sont coutumiers, perpétuent le souvenir de cette entrée des deux libérateurs, le roi et le *condottiere,* que les Brescians ont eu raison de ne pas oublier. Mais, pendant qu'ils y étaient, que n'ont-ils mentionné également, sur les pierres commémoratives, l'empereur des Français, qui est passé par là, lui aussi, et sans l'aide duquel tout le monde sait que les Piémontais, à ce moment, n'eussent pu rien faire ?

VIII

(Page 72, ligne 19)

Plusieurs peintres de batailles, Yvon, Rigo, Fr. Adam, J. Beaucé,..... se sont appliqués, avec un

mérite naturellement inégal, à illustrer la glorieuse
journée du 24 juin 1859. Au Salon de 1861, parut
la *Bataille de Solferino* par Yvon. Après celle de
Magenta, qu'il a peinte aussi, nous l'avons vu, mais
sans y avoir assisté, cet artiste, sur l'invitation de
l'Empereur, était allé rejoindre le quartier général
de l'armée d'Italie. La peinture qu'il donne de Solferino nous apporte donc un témoignage vivant, es-
timable, avant tout, pour la fidélité du détail. Sur
cette toile, qui souleva des critiques plus ou moins
fondées, c'est le chef, c'est l'Empereur qui est le
centre de l'action : on le voit à cheval, sur le sommet du *Monte Fenile,* où il vient de se porter, aux
environs de midi, alors que la fortune des armes
est des plus indécises, pour suivre le mouvement
offensif, exécuté par le 1er corps d'armée, vers les
hauteurs de Solferino.

Yvon, qui n'aimait guère le régime impérial, dont
il était cependant le peintre attitré, a fourni dans ce
tableau un des meilleurs portraits de Napoléon III;
il a bien rendu le calme imperturbable au milieu
du danger, qui sied à un commandant d'armée, ce
calme qui n'est pas l'indifférence. A côté, la figure
du vieux général Camou fait, par ses lignes violen-
tes, un heureux contraste. Il enlève sa monture,
avec une fougue encore toute juvénile, pour la faire
gravir un talus, et, en même temps, salue son souverain d'un geste respectueux et mâle, en entraînant
ses hommes à l'attaque du point désigné; ce point,
au milieu du tableau, c'est la *Rocca,* où les voltigeurs de la Garde ont fait merveille. Autour de
l'Empereur, l'état-major est dans une émotion grave;

on sent que, en cet instant suprême, va se dessiner le sort de la bataille.

Un autre *Solferino*, par J. Rigo, exposé au Salon de 1866, montre Napoléon III recevant les drapeaux autrichiens capturés, qu'on lui présente à l'issue de la bataille. Mais cette toile, confuse et un peu trop chargée, a, de plus, le défaut, pour qui a vu les lieux, d'être d'une topographie tout à fait inexacte.

Ces deux peintures, d'un développement peu ordinaire, figurent aujourd'hui au Musée national de Versailles, où, dans les salles affectées aux guerres du second Empire, elles couvrent des panneaux immenses.

Meissonier nous a laissé, sur Solferino, un document beaucoup plus précieux, bien que de dimensions très exiguës. Le célèbre peintre militaire fut admis à suivre l'armée française en Italie ; on lui avait fait place dans l'état-major impérial. Il se trouva donc à même d'observer de près les opérations militaires. A Solferino, il put prendre un léger croquis. Ce fut la première pensée du tableau qu'il exécuta plus tard, sur la demande pressante de l'Empereur, et qui représente Napoléon III et ses généraux sur le *Monte Fenile,* au moment où l'artillerie de la Garde, commandée par Lebœuf, à 300 mètres de l'ennemi, accable le village de projectiles.

Meissonier travailla ce fin morceau avec l'entrain et la précision qu'il apportait à toutes ses œuvres. Pendant plus d'une année, on vit, dans la demeure du maître, à Poissy, défiler, un à un, tous les maréchaux, tous les généraux qui avaient fait partie de

l'escorte de l'Empereur le jour de la bataille. Bon
gré, mal gré, sur les instances de leur hôte, il leur
fallait monter à cheval dans le jardin et là, sous le
soleil, se figer dans l'immobilité de la pose, tandis
que l'artiste, debout, esquissait leur silhouette, pour
la faire entrer dans le tableau d'ensemble dont il
avait composé une ébauche hâtive en Italie. Il en
est résulté une œuvre d'une vérité absolue, où la
fantaisie et l'improvisation facile n'ont aucune place.

Ce tableau, très connu et même célèbre, dépasse
à peine les dimensions de la miniature. On a pu le
voir longtemps au Musée du Luxembourg ; il est
placé, depuis peu, au Louvre.

IX

(Page 97, ligne 19)

Pendant la campagne meurtrière qui s'ouvrait
sur les bords du Rhin, au lendemain même de l'i-
nauguration des ossuaires, la *Société de Solferino
et de San Martino*, profitant de l'engouement qu'a-
vait laissé cette inauguration, se signala — j'ai
plaisir à le relater ici — par sa généreuse initiative,
qui suscita, dans toute l'Italie, une noble émula-
tion, pour envoyer à nos pauvres prisonniers de
guerre en Allemagne d'abondants secours de toute
nature, spécialement en vêtements chauds et en
espèces.

X

(Page 128, ligne 2)

Vers la fin de 1855, Victor-Emmanuel fit un voyage officiel à Londres et à Paris. Au retour d'Angleterre, où l'aristocratie l'avait trouvé « grossier et commun », il contait, en riant, au maréchal Castellane que, malgré son goût pour les dames, il avait été exemplaire pendant tout son voyage et avait eu grand soin de ménager la pruderie de la Reine. (Cp. Émile OLLIVIER, *L'Empire libéral*, tome III, p. 325.)

A Paris, il n'eut pas les mêmes raisons de dissimuler ses façons abandonnées. Un familier de la cour de Napoléon III, le comte Horace de Vieil-Castel, qui en a noté, avec une franchise assez crue, les incidents journaliers, approcha Victor-Emmanuel aux Tuileries ; il a tracé du Roi le portrait suivant : « Le roi de Piémont est un véritable sous-officier, il en a le ton et les manières ; il fréquente beaucoup les filles et paraît fort disposé à traiter cavalièrement toutes les femmes. Sa conversation est plus que légère ; sa légèreté du fond n'est pas même gazée par la pudeur de l'expression, il aime le terme grossier : il parle sans retenue de ses bonnes fortunes et il nomme les femmes les plus considérables de Turin en disant simplement : « *Celle-là a couché avec moi.* » On nommait une famille de la plus haute aristocratie ; il a souri, en articulant hautement qu'il avait couché avec la mère et les filles. » (VIEIL-CASTEL, *Mémoires sur le règne de Napoléon III*, 1883, tome III, p. 186.)

XI

(Page 139, ligne 4)

En France, au lendemain de Sedan, le peuple, dans sa colère aveugle, a jeté bas — quelques mois seulement après qu'il eut voté pour lui, au plébiscite de mai 1870, presque unanimement — des statues de l'Empereur que la courtisanerie de ses sujets avait érigées *de son vivant*. Celle qui s'élevait à Bordeaux, sur les Allées de Tourny, une statue équestre en bronze, par Debay, fut renversée le soir du 4 septembre, brisée et traînée jusque dans la Garonne. Au lieu de Napoléon, ils ont mis Gambetta, en ces derniers temps.

C'est ainsi que, sur le même emplacement, parfois sur le même piédestal, se succèdent les idoles. Le voyageur rencontre, à chaque pas, en Italie, des statues de saints campées sur des socles désaffectés, que surmontaient jadis les païennes images de Jupiter, de Mars ou d'Hercule. On ne s'est même pas toujours soucié d'effacer, sur ces socles, les dédicaces primitives; mais on l'a fait soigneusement, — est-il besoin de le dire? — pour Napoléon III, à l'égard duquel les Français, qui n'avaient plus de faveurs à en attendre ni de places à lui demander, ont poussé la méchanceté, tout de suite après sa chute, jusqu'à gratter son nom sur la pierre des édifices publics qu'il avait lui-même inaugurés.

TABLE DES MATIÈRES

PREMIÈRE PARTIE

MAGENTA

———

DEUXIÈME PARTIE

SOLFERINO

———

Pages

Nancy, impr. Berger-Levrault et Cie

BERGER-LEVRAULT & Cie, LIBRAIRES-ÉDITEURS

PARIS, 5, rue des Beaux-Arts — rue des Glacis, 18, NANCY

PIERRE LEHAUTCOURT

HISTOIRE de la GUERRE de 1870-1871

~ PREMIÈRE PARTIE ~

LA GUERRE DE 1870

EN COURS DE PUBLICATION

Tome Ier. — **Les Origines.** — *Sadowa.* — *L'affaire du Luxembourg.* — *La candidature Hohenzollern.* — *La dépêche d'Ems.* — 1901. Un volume in-8 de 422 pages, broché . . . . **6 fr.**

Tome II. — **Les Deux Adversaires.** — **Premières Opérations** (7 juillet-2 août 1870). — *La France : La nation et l'armée.* — *La concentration française.* — *L'Allemagne.* — *Premières opérations.* — 1902. Un volume in-8 de 488 pages, avec 2 cartes, broché . . . . **6 fr.**

Tome III. — **Wissembourg, Frœschwiller, Spicheren.** — 1903. Un volume in-8 de 595 pages, avec 4 cartes, broché . . . . **6 fr.**

Tome IV. — **La Retraite sur la Moselle. Borny.** — 1904. Un volume in-8 de 384 pages, avec 5 cartes, broché . . . . **6 fr.**

Tome V. — **Rezonville et Saint-Privat.** — 1905. Un vol. in-8 de 750 pages, avec 5 cartes, broché . . . . **7 fr. 50**

Tome VI. — **Sedan.** — 1907. Un volume in-8 de 800 pages, avec 9 cartes, broché. . . . . **10 fr.**

En préparation : **Capitulation de Metz.** Un volume.

~ SECONDE PARTIE ~

LA DÉFENSE NATIONALE

Couronné deux fois par l'Académie française (2^c grand prix Gobert en 1899 et en 1900)

Campagne de la Loire. — Tome Ier. *Coulmiers et Orléans.* 1893. Un volume de 478 pages, avec 6 cartes. . . . . **7 fr. 50**

— Tome II. *Josnes, Vendôme, Le Mans.* 1895. Un volume de 448 pages, avec 13 cartes. . . . . **7 fr. 50**

Campagne de l'Est. — Tome Ier. *Nuits — Villersexel.* 1896. Un volume de 301 pages, avec 7 cartes. **5 fr.**

— Tome II. *Héricourt — La Cluse.* 1896. Un volume de 311 pages, avec 4 cartes. . . . . **5 fr.**

Campagne du Nord. — *La Défense nationale dans le Nord de la France.* Nouvelle édition, entièrement revue et corrigée. 1897. Un volume de 359 p., avec 9 cartes . . . . **6 fr.**

Siège de Paris. — Tome Ier. *Châtillon, Chevilly, La Malmaison.* 1898. Un volume de 415 pages, avec 4 cartes . . . . **6 fr.**

— Tome II. *Le Bourget — Champigny.* 1898. Un volume de 447 pages, avec 8 cartes. . . . . **6 fr.**

— Tome III. *Buzenval — La Capitulation.* 1898. Un volume de 460 pages, avec 5 cartes . . . . **6 fr.**

www.ingramcontent.com/pod-product-compliance
Lightning Source LLC
Chambersburg PA
CBHW052049090426
42739CB00010B/2106